JANA PAJONK

Rund um Berlin

LIEBLINGSPLÄTZE
zum Entdecken

JANA PAJONK

Rund um Berlin

JANZ WEIT DRAUSSEN

KULTUR

GMEINER

Besuchen Sie uns im Internet:
www.gmeiner-verlag.de

3. Auflage 2017
© 2016 – Gmeiner-Verlag GmbH
Im Ehnried 5, 88605 Meßkirch
Telefon 075 75/2095-0
info@gmeiner-verlag.de
Alle Rechte vorbehalten

Lektorat/Korrektorat: Anja Kästle
Satz: Mirjam Hecht
Bildbearbeitung: Benjamin Arnold
Umschlaggestaltung: U.O.R.G. Lutz Eberle, Stuttgart
unter Verwendung eines Fotos von Jana Pajonk
Kartendesign: Mirjam Hecht; © The World of Maps (123vectormaps.com)
Druck: AZ Druck und Datentechnik GmbH, Kempten
Printed in Germany
ISBN 978-3-8392-1984-3

JWD IM OSTEN

JWD IM WESTEN

»NUN PASSEN SE MAL UFF«
Einleitende Worte

Die Berliner Schnauze ist berühmt, wird oft kopiert und löst sich langsam auf – im Meer der Postkarten und im Wirrwarr der Dialekte, die die Hauptstadt besiedeln. Die Brandenburger Schnauze ist der Berliner sehr ähnlich. Jedoch ist sie noch unverbraucht und ursprünglich. So wie das Land.

Die meisten der zwölf Millionen Menschen, die jährlich Berlin und Potsdam besuchen, trifft man im Umland nur an den touristischen Highlights an, die in jedem Reiseführer stehen. Klar, denn in der Hauptstadt steppt ja bekanntlich der Bär. Und auch die Zugezogenen toben sich erst mal im Stadtleben aus, bis sie erschöpft entdecken, dass sie gleich vor den Toren der Stadt auftanken können. Für Ur- und Randberliner, für Zugezogene und für alle, die sich so lange in der Stadt aufhalten, dass sie mal raus müssen, ist dieses Buch gedacht.

Herzlich willkommen im Märkischen Natur- und Abenteuerland! Rund um Berlin erwarten Sie frische Luft, die nach Kiefern duftet, unzählige Seen und Wasserläufe, saftige Wiesen und Wälder, grüne Alleen und Einzigartiges. Oasen der Ruhe umgeben diese hastige Stadt. Der Brandenburger gilt als kontaktscheuster Bewohner Deutschlands. Vielleicht fühlt man sich deswegen so frei und unbeschwert, sobald man die Stadtgrenze hinter sich gelassen hat. Angeblich sind die Brandenburger auch trauriger als der Durchschnittsdeutsche. Aber das sind Statistiken. Davon merke ich nichts, wenn ich im Berliner Umland unterwegs bin.

Das entspannte Lebensgefühl und die Schönheit der Natur haben sich stattdessen herumgesprochen. Wer die Sturm-und-Drang-Zeit hinter sich hat und es sich leisten kann, zieht raus. Der Speckgürtel wächst, die Preise steigen, Alteingesessene werden verdrängt. Gleichzeitig sorgt das Geld der Zugezogenen und Ausflügler dafür, dass verfallene Gebäude saniert, alte Gasthäuser wieder belebt und das – zugegeben gewöhnungsbedürftige – Ost-Gaststätten-Angebot durch leckere regionale Spezialitäten ergänzt wird. Schriftsteller, Schauspieler und Lebenskünstler haben sich in kleinen Höfen niedergelassen und ihre Lebensträume verwirklicht.

Egal in welche Himmelsrichtung Sie die Stadt verlassen, früher oder später entdecken Sie einen Hofladen, ein Atelier oder eine andere Quelle frischer Ideen. Das Kreative und die neuen Impulse wechseln sich rund um Berlin ab – mit verfallenen Villen und stillgelegten Fabriken. Von der Betonstraße biegt man in einen Wald und steht plötzlich ganz allein an einem riesigen See. Im nächsten kleinen Ort stehen drei typische DDR-Plattenbauten, rosa gestrichen, damit sie modern aussehen.

Die Region rund um Berlin ist so vielfältig wie die Stadt, die sie umgibt. Am besten erkundet man das Umland mit Bahn und Rad: einfach in einen Regionalexpress in Berlin einsteigen, an einer beliebigen Station aussteigen und losfahren. Es gibt eigentlich keine Strecke, wo es nichts zu entdecken gibt. Und seien es kleine Seen oder tiefe Wälder, in denen Kräuter, Pilze und Beeren wachsen. Viele meiner Lieblingsplätze habe ich auf diese Weise gefunden und ins Herz geschlossen, andere hat schon mein Großvater besucht und wieder andere haben Freunde empfohlen.

Viele Lieblingsplätze, die ich Ihnen hier vorstelle, haben eines gemeinsam: Sie sind Ausdruck der Liebe im Menschen. Es sind Orte, an denen Träume verwirklicht, individuelle Gaben ausgedrückt oder Menschen durch gemeinsame Erlebnisse zusammengebracht werden. Auch die Natur darf nicht fehlen, denn nirgendwo sonst finden wir leichter zu unserem inneren Frieden zurück.

Es gibt auch Orte, die behalte ich für mich. Vielleicht treffen wir uns da ja mal zufällig. Oder, um es mit den Worten eines absoluten Brandenburger Originals, Regine Hildebrandt, auszudrücken: »Ick sage nur, macht wat!«

JWD IM NORDEN
VON WÄLDERN, SCHLÖSSERN UND MILCHPRODUKTEN

»WENN ICH MICH GANZ STILL HINSETZE UND 15 BIS 20 MINUTEN WARTE, STAUNE ICH IMMER WIEDER, WIE VIEL LEBEN SICH IM WALD ZEIGT. WIR MENSCHEN MACHEN ZU VIEL KRACH, DESWEGEN VERSTECKEN SICH ALLE TIERE. WENN WIR GANZ RUHIG SIND, KOMMEN SIE AUS IHREN VERSTECKEN WIEDER RAUS.« MARTIN SCHREIBER, WILDNISPÄDAGOGE, WILDNISSCHULE WALDSCHRAT (SEITE 135)

STREETART-KÜNSTLER DECYCLE HINTERLIESS DIESES BILD EINES
MÄDCHENS BEIM URBAN ART FESTIVAL »ARTBASE 2011«.
KUNST, ARCHITEKTUR UND NATUR BILDEN AM GRABOWSEE EINE
BEEINDRUCKENDE SYMBIOSE.

HEILSTÄTTE GRABOWSEE /// GRABOWSEESTRASSE 1 ///
16515 ORANIENBURG /// 01 75 / 2 42 52 75 (BERNHARD HANKE) ///
WWW.HEILSTAETTE-GRABOWSEE.DE /// WWW.KIDSGLOBE.ORG ///

EIN ORT FÜR DIE REGENERATION DER WELT
Heilstätte Grabowsee

»Diese Woche können Sie nicht kommen, da dreht die ARD hier einen Krimi«, sagt Bernhard Hanke am Telefon. An dem Mann mit ostbayerischem Akzent kommt niemand vorbei, der auf das Gelände der ehemaligen Lungenheilstätte will. 1896 gründete das Deutsche Rote Kreuz am Grabowsee die erste Heilstätte für Tuberkulose in Norddeutschland. Nach dem Zweiten Weltkrieg nutzte die Rote Armee das Areal, seit 1995 stehen die 30 schönen Gebäude leer. Es ist einer der Lieblingsplätze der internationalen *Lost-Places*-Szene, deren Anhänger mit Kameras zu verlassenen Orten reisen.

Ein paar Wochen später streune ich mit Bernhard Hanke und seiner Hündin Ilse über das 34 Hektar große Gelände. 2004 war er das erste Mal hier und verliebte sich in den Ort, erzählt der Landschaftsgärtnermeister, der einst mit Kindern in Süddeutschland Bolzplätze baute. »Die heutige Schule schafft es nicht, eine Menschheit hervorzubringen, die friedlich koexistieren kann«, erkannte er damals. Deswegen möchte Hanke einen Lernort für junge Leute aus aller Welt schaffen, an dem sie statt belehrt zu werden, einfach machen können. Seine Ausführungen klingen sehr ambitioniert – und haben doch Hand und Fuß. Er ist ein Visionär. Der von ihm gegründete Verein *Kids Globe e. V.* akquiriert gerade die Millionen Euro, die der Kauf des Geländes kosten soll, und kümmert sich derweil um das Areal. Das Engagement wird geduldet, denn Hanke passt auf, dass sich niemand verletzt. Er bessert Dächer aus, sperrt ab, sichert Gebäude. Täglich kommen Besucher aus aller Welt. George Clooney drehte 2013 in den denkmalgeschützten Häusern Szenen für seinen Film *Monuments Men*. 2011 trafen sich Künstler zur Artbase am Grabowsee und hinterließen ihre Werke. »Das Gelände sagt mir jeden Tag: ›Denke frei! Und nicht so wie es den anderen gefällt!‹« Mir gefällt dieses Motto.

Am besten melden Sie Ihren Besuch vorher telefonisch an. Bernhard Hanke ist gut erreichbar. Der Verein bittet um eine Spende von jedem Besucher.

SCHLOSS SCHWANTE /// SCHLOSSPLATZ 1–3 ///
16727 OBERKRÄMER / SCHWANTE /// 03 30 55 / 22 17 30
(FÜR RESERVIERUNGEN IM SCHLOSSRESTAURANT) /
TICKETS FÜR VERANSTALTUNGEN AUF DER WEBSITE ///
WWW.SCHLOSS-SCHWANTE.DE ///

HERZEN UND TÜREN STEHEN WEIT OFFEN

Schloss Schwante

Ein groß gewachsener Schlossherr in Cordhose begrüßt uns an der Bar auf Schloss Schwante – so herzlich und offen als wären wir alte Freunde. Sofort fühle ich mich willkommen. Die Distanz, die man als »normaler Bürger« in Schlössern oft empfindet, scheint es hier nicht zu geben. Und der Mann, der uns die Räume im Obergeschoss zeigt, ist keiner dieser Grafwandler (Menschen, die sich für adelig halten). Nein, David Regehr ist Künstler. Der Bühnenbildner betreibt zusammen mit dem zweiten Schlossherrn, Theaterproduzent Christian Schulz, Clärchens Ballhaus und die Märchenhütte im Monbijoupark in Berlin. Die beiden haben sich mit Thomas Richter, dem größten Landwirt hier in Schwante, zusammengetan. Gemeinsam regieren die drei Herren das Schloss mit Kreativität, Herz und Verstand. »Unsere Idee war es, einen Ort zu schaffen, an dem man auf andere Gedanken kommen kann, wo genug Platz ist für Inspiration«, sagt Regehr.

Mich inspirieren die einfühlsam restaurierten Räume, die statt auf Hochglanz poliert zu sein, ihre Geschichten bewahren und sehr viel Charme ausstrahlen. Auch der Park wurde wieder zu dem gemacht, was er mal war, und alles Künstliche entfernt. Zu DDR-Zeiten befanden sich im Schloss Schwante das Bürgermeisteramt, ein Kindergarten und die LPG-Kantine. Kein Wunder also, dass die Schwanter eng mit ihrem Schloss verbunden sind. Viele von ihnen kommen regelmäßig her. Denn die kreativen Köpfe aus Berlin bringen Kultur aufs Land. Da gibt es Tanztee am Sonntagnachmittag, Theateraufführungen im Park an Sommerabenden, Märchen und Opern am Kamin im Winter. Man spürt, dass hier Künstler ein- und ausgehen, der Ort ist voller Lebensfreude. Zum Schluss probieren wir die Schwante Tapas, sechs kleine Spezialitäten – unheimlich lecker! Auch im Essen finde ich keine Spur von Überheblichkeit. Es ist regional, saisonal und kreativ.

🪁 Auch Kinder sind hier froh: Im Park gibt es eine lange Schaukel an einer hohen Kastanie, ein hölzernes Baumhaus und viel Platz zum Spielen und Toben.

In Marwitz wird seit über 80 Jahren Keramikgeschirr hergestellt, weil das die Leidenschaft von Hedwig Bollhagen war. Eines Morgens stehe ich im sanft beleuchteten Werksverkaufsraum und bin beeindruckt von der schlichten Schönheit des Geschirrs – und den Preisen.

Ein freundlicher Mann stellt sich als Herr Schremmer vor, der Produktionsleiter. Sein Händedruck ist voller Tatendrang. »Folgen Sie mir!«, sagt er lächelnd und führt mich durch mehrere Räume und Türen dahin, wo der Rohstoff reift, der Ton. Zwei Wochen liegt er im Wasser, anschließend wird er gepresst, reift weitere Wochen, wird gepresst, reift – dann erst kann er verarbeitet werden. »Ton hat ein Gedächtnis«, erklärt mir der Keramikmeister. »Er erinnert sich an Drehrichtung und Form. Das alles muss man berücksichtigen, möchte man Fehler im Geschirr vermeiden.« Das Herz der Werkstatt sind die Formen, Einrichtungen genannt, in denen die Tassen und Teller gegossen oder gedreht werden. Sie alle wurden von Hedwig Bollhagen persönlich entworfen und bleiben immer gleich. Auch die Dekore stammen alle aus der Hand der Meisterin, die bis zu ihrem Tod im Haus nebenan wohnte. »Sie streifte täglich durch die Manufaktur, um zu prüfen, ob auch alles richtig läuft«, verrät mir eine Keramikmalerin, während sie einen perfekten Strich auf die Tasse setzt. In ihrer Stimme liegen Ehrfurcht und Zuneigung. Die Keramik war Hedwig Bollhagens Leben, das 2001 endete. Noch im Sterbebett hat sie Formen beurteilt, erzählt man sich hier. Und während die Design-Szene sie feierte, pflegte sie nur zu sagen: »Kunst? Das sind doch bloß Töppe!«

Jedes Produkt wird bis zu 60 Mal in die Hand genommen und braucht vier Wochen, bis es fertig ist. Alle Menschen hier sind mit Liebe bei der Sache, offen und freundlich. Seit meinem Werkstattbesuch weiß ich, dass jede Tasse ihren Preis wert ist. Und ich spare.

✄ Die beeindruckenden Werkstattführungen gibt es mittwochs und freitags um 11 Uhr, jeden letzten Mittwoch im Monat auch um 13 Uhr sowie nach Vereinbarung.

ZIEGENKÄSEREI UND WIESENCAFÉ KAROLINENHOF ///
KAROLINENHOF 1 /// 16766 KREMMEN / FLATOW ///
03 39 22 / 6 01 90 /// WWW.ZIEGENKAESEREI-KAROLINENHOF.DE ///

VON MENSCHEN UND ZIEGEN
Karolinenhof in Flatow

Wer Ziegenkäse liebt, der *muss* einen Ausflug nach Flatow machen! Hier lebt Gela Angermann mit vielen glücklichen Ziegen. Die geben gute Milch, woraus Gela und ihre Mitarbeiter rund 20 Sorten Ziegenkäse herstellen. Vom frischsten Frischkäse bis zum gereiften Hartkäse ist alles dabei, was das Herz der Ziegenkäse-Liebhaber höher schlagen lässt. Kaum auszuhalten ist da ein Nachmittag auf einer Bank im Bio-Wiesencafé bei einem Ziegen-Mango-Lassi.

Wie sie auf die Ziege gekommen sei, frage ich Gela Angermann. »Ich habe mit zwölf Jahren meine erste Ziege bekommen, die habe ich geliebt. So ist mein Vater auf die Ziege gekommen und hat einen Ziegenbetrieb eröffnet. Ich bin also mit den Tieren aufgewachsen.« Und zwar in Bayern, wo sie auch ihre landwirtschaftliche Lehre abschloss. Bis die Liebe sie nach Berlin führte. Lange hat es sie in der Großstadt allerdings nicht gehalten, 1991 zogen sie und ihr Mann nach Flatow und eröffneten 1993 den Karolinenhof. »Ziegen sind klein und handlich, super neugierige und aufgeweckte Tiere. Es macht einfach Spaß, mit ihnen zu arbeiten«, erklärt sie ihre Leidenschaft für Ziegen. »Aber manchmal nerven sie auch, eben weil sie so schlau sind«, schmunzelt die Landwirtin. »Sie finden einfach jede Lücke im Zaun und merken sofort, wenn der Strom irgendwo mal nicht funktioniert«, lacht sie. Ja, auf der anderen Seite scheint das Gras manchmal grüner. Sofort sind mir die Ziegen noch sympathischer, erinnert mich ihr Charakter doch an Menschen, die ich sehr mag. Sie sind neugierig, eigensinnig, und unheimlich schlau. »Kennen Sie das Märchen, in dem die Ziege immer sagt, sie hätte noch nichts gefressen? – Genau so kommt es mir hier manchmal vor!« Da lachen wir beide.

Den Ziegenkäse vom Karolinenhof gibt es nur hier vor Ort. Ebenso wie die sympathische Gesellschaft von Gela Angermann.

🐐 Richtig, im Märchen *Tischlein, deck dich!* sagt die Ziege: »Wovon sollt ich satt sein? Ich sprang nur über Gräbelein und fand kein einzig Blättelein. Mäh!«

LINKS VOR DEM DENKMAL BEGINNT EIN NATURLEHRPFAD. HINTER
DER SIEGESSÄULE LÄDT DAS RESTAURANT »WALDHAUS AM DENKMAL«
ZU WILD-, WALD- UND FISCHGERICHTEN.

SIEGESSÄULE HAKENBERG /// AM DENKMAL /// 16833 HAKENBERG ///

Auf der 36 Meter hohen Siegessäule thront die vergoldete Siegesgöttin Victoria. Viele hier nennen sie auch *kleine Goldelse* in Anlehnung an die jüngere Schwester im Berliner Tiergarten. Die Siegessäule in Hakenberg bei Fehrbellin ist das Denkmal für eine kleine Schlacht Ende des 17. Jahrhunderts mit großen Folgen für die Geschichte der Region und des Landes.

Am 18. Juni 1675* trat Kurfürst Friedrich Wilhelm hier der übermächtigen, immer weiter vordringenden schwedischen Armee entgegen. 5.600 Mann mit 13 Kanonen standen 11.000 schwedischen Soldaten mit 38 Kanonen gegenüber. Mehr Mut als Verstand attestierte König Friedrich II. seinem Vorfahren rückblickend. Doch der Mut wurde belohnt. Die Brandenburger siegten. Erstmals entschied das Heer eine Schlacht für sich. Viele schwedische Soldaten desertierten beim Rückzug. Bis zum Friedensschluss vier Jahre später hatte Brandenburg Ruhe. Das preußische Selbstbewusstsein war geweckt und Friedrich Wilhelm trug fortan den Beinamen »der Große«. Geschichtsschreiber sehen in diesem Tag den Beginn des Aufstiegs Preußens zur Militärmacht. Wir alle wissen, wie es weiterging. Und auf einen Teil der Geschichte Deutschlands möchte ich gerne verzichten. Aber es ist unsere Geschichte. Hier, unweit der A24, kann man über Macht, Krieg, Angst und Mut nachdenken.

Am 16. Juni 1875, zum 200. Jahrestag der Schlacht, schrieb die Wochenzeitung *Provinzial-Correspondenz*: »Der Kurfürst selbst war tief im Schlachtgewühle. Als er einige Schwadronen bemerkte, die nach dem Verluste ihrer Offiziere ohne Führer waren, stellte er sich an ihre Spitze und rief: ›Getrost, tapfere Soldaten! Ich, euer Fürst und nun euer Hauptmann, will siegen oder zugleich mit euch ritterlich sterben.‹« – Ich nehme an, damit lassen sich auch junge *Der-Herr-der-Ringe*-Fans für die Geschichte Brandenburgs begeistern.

✍ *18. oder 28. Juni? In Quellen variieren die Daten zwischen dem damals gültigen julianischen Kalender (18.) und dem heutigen gregorianischen Kalender (28.).

AUS LIEBE ZU DEN MENSCHEN
Up Hus Idyll Neuruppin

So spontan wie in der Fontane Therme (Seite 27) landen wir auch im *Up Hus Idyll*. Wir folgen den Schildern »Restaurant im ältesten Fachwerkhaus« und stehen plötzlich in einem Innenhof, der anmutet, als seien wir ein paar Jahrhunderte zurückgereist. Nur die Autos am Rand passen nicht so recht ins Bild. Auf einer Holzbank vor dem schönen Fachwerkhaus sitzt eine Frau in der Sonne und macht Buchhaltung. Es ist die Geschäftsführerin, Gabriele Lettow, eine überaus freundliche Frau. Die Ingenieurin erzählt uns, wie sie dieses Gelände nach der Wende erworben und Stück für Stück restauriert hat. 2005 überreichte ihr die Landesregierung den Brandenburgischen Denkmalpflegepreis für die Erhaltung der Kapelle, des Siechen- und des Fachwerkhauses. Dass sie mit Liebe bei der Sache war, erkennt man in allen Ecken des Restaurants, Hotels und der Kapelle, in der regelmäßig Konzerte und Ausstellungen stattfinden.

Die Geschichte dieses Ortes reicht zurück bis ins 15. Jahrhundert, als es noch keine Sozialleistungen vom Staat gab und es Aufgabe der Kirche oder wohlhabender Menschen war, sich um diejenigen zu kümmern, die am Rande der Gesellschaft stehen. Wie der Waffenschmied Klaus Schmidt, der um 1490 die Hospitalkapelle St. Lazarus und das Siechenhospital errichten ließ. Im 17. Jahrhundert komplettierte dann das sogenannte Up Hus das Ensemble. Hier lebten verarmte alte Frauen oder Familien, die unverschuldet in Not geraten waren. Bis auf die Blumen, die vom Frühling bis in den Herbst die kleinen kargen Zimmer schmückten, war damals alles sehr schlicht.

Die Blumen findet man noch heute, ebenso die Menschenfreundlichkeit. Das Essen, die Zimmer und die Kapelle hingegen sind alles andere als karg. Wir genießen einen Havelzander auf Vanilleschaum. Dann beziehen wir unser kleines Zimmer, bevor wir die Stadt erkunden.

✍ Verbringen Sie ein Wochenende im Ruppiner Seenland. Wenn Sie möchten, nimmt ein Fischer Sie frühmorgens mit auf Fangtour. Buchbar im Hotel.

BLICK VON DER SEESAUNA AUF DEN RUPPINER SEE

FONTANE THERME IM RESORT MARK BRANDENBURG ///
AN DER SEEPROMENADE 21 /// 16816 NEURUPPIN ///
0 33 91 / 4 03 50 /// WWW.FONTANE-THERME.DE ///

SPONTANE THERME
Fontane Therme Neuruppin

Neuruppin war für mich bislang nur der Name einer Stadt. Bis wir im Sommer auf dem Rückweg von der Ostsee sind, seit Langem mal wieder ohne ein Kind. Was tun mit diesen kostbaren Stunden zu zweit, die morgen Mittag enden? Spontan verlassen wir die A24 Richtung Neuruppin. Wir wollen gemeinsam Neues entdecken. Die uns unbekannte Stadt wartet mit beeindruckenden Villen am Straßenrand auf. Wir spazieren durch die schöne Gegend und schauen in die Fontane Therme: Vielleicht was für den Winter? Doch das Holz, der Blick auf den Ruppiner See und das türkise Wasser ziehen uns sofort in den Bann. Wir bleiben.

Zehn Minuten später (f)liegen wir im Schwebebecken. Die Fontane Therme hat die erste zertifizierte Heilquelle im Land Brandenburg und fördert selbst Sole aus 1.700 Metern Tiefe. In achtprozentiger Salzlösung fällt alle Last von mir ab. Ich lasse los, genieße und bin unendlich dankbar für diesen Moment. Nach dem ersten Saunagang durchlaufe ich zu meiner Freude mehrfach die Dusch-Erlebnis-Gänge. Farben und Wasserstrahlen strömen auf mich ein. Eingekuschelt lese ich in der Fontane Bibliothek im *Märkischen Bilderbogen* Gisela Hellers von der unglaublichen Geschichte dieser Stadt, deren berühmteste Kinder Karl Friedrich Schinkel und Theodor Fontane sind. Dass Schinkel seine Baukunst vermutlich perfektionierte, als er seinem Onkel dabei half, die in einem Großbrand zerstörte Stadt wieder aufzubauen, war mir neu. Und wussten Sie, dass Neuruppin zur Wiege der illustrierten Presse gehört?

In der Seesauna findet der letzte Aufguss des Abends statt. Ich liege auf einer Schaukel-Plattform und blicke hinaus auf den See, während ein Duft aus Fenchel und Anis mich wohlig einhüllt. Zum Abschluss tauchen wir in den See. »Ich kenne unzählige Saunen«, sagt mein Freund beim Gehen. »Aber die hier ist mit Abstand die schönste, die ich je erlebt habe.«

    Perfekt für eine Eltern-Auszeit: Der Sauna-Bereich in der oberen Etage und die Seesauna sind nur für Erwachsene und Jugendliche ab 15 Jahren zugelassen.

RÜTHNICKER HEIDE /// DAS WALDGEBIET ERSTRECKT SICH ZWISCHEN RÜTHNICK (WESTEN), LÖWENBERG (OSTEN) UND SOMMERFELD (SÜDEN) /// 16835 RÜTHNICK ///

Eine Woche nach meinem Besuch bei Martin Schreiber in der Wildnisschule (Seite 135) machen wir mit den Kindern einen Waldspaziergang in der Rüthnicker Heide. Ich erinnere mich daran, wie wir geübt haben, uns geräuschlos im Wald fortzubewegen und sehe den Wildnispädagogen vor mir, der uns in Zeitlupe die Bewegungen vorführt. »Die Tiere erkennen uns Menschen vor allem am Gang und an unseren Gliedmaßen«, gebe ich mein Wissen an die Kinder weiter. »Wenn ihr es also schaffen wollt, einem Reh mal ganz nahe zu kommen oder es sogar zu streicheln, müsst ihr lernen, euch ganz unauffällig zu bewegen.« Zu meinem Erstaunen habe ich die volle Aufmerksamkeit aller Kinder. Also fahre ich fort: »Legt die Arme ganz dicht an euren Körper an. Und dann setzt ihr vorsichtig einen Fuß vor den anderen. Je langsamer ihr das macht, umso leiser seid ihr. Also bewegt euch in Zeitlupe, so langsam wie möglich. Das nennt man Fuchsgang.«

Es ist still. Die Kinder sind hoch konzentriert. Behutsam setzen sie einen Fuß vor den anderen. Wieder einmal staune ich, was Langsamkeit bewirkt: Selbst auf viel Laub und kleinen Ästen sorgen weder die Bewegung noch mein Gewicht für irgendein Geräusch, wenn ich ruhig und achtsam, Millimeter für Millimeter, meine Position ändere. Auch die Kinder sind begeistert und wollen am liebsten gleich nach Tieren suchen, an die sie sich anschleichen können. Doch vorher übe ich mit ihnen noch den Eulenblick. Der ist ebenso wichtig, um den Kopf nicht ruckartig hin und her zu bewegen. Dazu löst man sich von der gewohnten Fixierung auf Details und nutzt stattdessen das gesamte Sichtfeld. Der Blick ist dann zwar weniger scharf, die Wahrnehmung der Umgebung aber umso besser.

Die Langsamkeit und die Perspektive beim Schleichen tun sicher auch im Alltag gut. Zum Üben melde ich uns am Abend für das Familiencamp in der Wildnisschule an.

⌖ Schleichen kann man in jedem Wald üben. Unter www.forst. brandenburg.de informiert der Landesbetrieb Forst Brandenburg über die Wälder rund um Berlin.

Leuenberg

RUND UM BERLIN GIBT ES ZAHLREICHE SCHÖNE ALTE BAHNHÖFE. IN EINIGEN TOBT INZWISCHEN NEUES LEBEN (SEITE 83), ANDERE SCHLUMMERN IM DORNRÖSCHENSCHLAF. KAUM VORSTELLBAR, DASS HIER AUF DEM ÜBERWUCHERTEN BAHNSTEIG EINST VIELE MENSCHEN AUF DEN ZUG WARTETEN.

EIN SCHWIMMENDER GARTEN EDEN
Havelschloss Zehdenick

Ich sage es gleich vorab: das Schönste ist der Garten! Er ist riesengroß, halbkreisförmig und an der Havel. Wir nehmen an einem der Tische mit Sonnenschirm Platz. Gern hätte ich mich auch auf die Liegestühle begeben, zwischen denen eine Baumscheibe als Tischchen steht. Der Platz in der Mitte des Gartens, Bänke um einen Springbrunnen, sieht ebenso einladend aus. Ich kann verstehen, dass viele hier Hochzeit feiern. Das Schloss hat eine sympathische Größe, nicht zu pompös, aber groß genug. Der schöne Gewölbekeller und die Outdoor-Küche am Wiesenrand sind auch gute Argumente. Ich würde mich direkt am Wasser trauen lassen, mit Blick auf das Schloss. Wenn den Gästen langweilig wird, können sie die vorbeifahrenden Boote beobachten oder in Gedanken über eine der vielen Brücken schlendern, die sie von hier sehen …

»Was kann ich Ihnen bringen?«, die Stimme der Kellnerin reißt mich aus meinen Träumen. Sie hat einen Akzent, ist Niederländerin, sagt sie. Die Rösti auf der Karte muten eher schweizerisch an. Auch dafür hat die mittelgroße Frau mit der niederländischen Offenheit eine Erklärung: »Ich habe acht Jahre lang ein kleines Berghotel in der Schweiz bewirtschaftet.« Anne-Marie Overvoorde heißt sie, ist Geschäftsführerin und Chefköchin. Seit 2014 betreiben sie und ihr Mann das Havelschloss, um ihren Kindern und Enkeln, die in Berlin leben, wieder näher zu sein.

Wir bestellen keine Rösti, sondern Bratkartoffeln und Matjes mit hausgemachter Remoulade und Radler. Genau das Richtige bei diesem warmen Wetter. Es schmeckt lecker. Nach dem Essen tausche ich meinen Platz am Tisch mit der Hollywood-Schaukel aus Holz, ein paar Schritte das Ufer hoch. Mein Freund und meine Tochter kicken einen kleinen blauen Ball, der auf dem Rasen liegt, eine Weile hin und her. Niemanden stört das. Es ist sehr ruhig hier, aber wir dürfen lebendig sein.

🖉 Für Radwanderer, die auf dem Europäischen Fernradweg »Berlin-Kopenhagen« hier vorbeikommen, hat die Niederländerin preiswerte kleinere Zimmer eingerichtet.

Ich suche gern auf Flohmärkten nach Schätzen. Doch in Berlin muss man entweder ganz früh aufstehen – gar nicht mein Ding – sich um die begehrtesten Artikel streiten – auch nicht so meins – oder aber viel Geld auf den Tisch legen.

Welch eine Entdeckung ist da das Trödelhaus *Seltene Werte*, das ganz entspannt an der Einfahrtstraße von Zerpenschleuse wohnt. Ein Flohmarkt ohne Flohzirkus. Hektisch ist hier nichts. Konkurrenz um Schnäppchen ist auch nirgends zu sehen. Entlang eines langen Flurs in einer alten DDR-Baracke eröffnet sich in jedem Raum eine neue Welt für Jäger und Sammler. Rechts Münzen, Orden und Modelleisenbahnen, dahinter ein Raum voller Bücher und Erinnerungen: Kinderbücher aus der DDR, Lexika, Bildbände. Lange stöbere ich hier herum. Im nächsten Raum sind Haushaltsartikel sorgfältig ausgestellt: Geschirr, Besteck, Küchenhilfen. Ein Mann, der eher aussieht, als kaufe er in edlen Boutiquen, stürzt sich auf eine Flotte Lotte aus Ost-Zeiten. »Die habe ich gesucht!«, ruft er dem Verkäufer begeistert zu. »Die Geräte, die man heute kaufen kann, halten doch kein Jahr mehr.« Es scheint, dass dieser edle Herr eigens für dieses Küchengerät nach Zerpenschleuse kam.

Der Besitzer bietet mir ein Küchenbüfett aus den 1930er-Jahren an, das er gerade für ein Ehepaar aus Schwaben beschafft hat und dann darauf sitzen geblieben ist. Küchenmöbel brauche ich nicht, aber ich entdecke eine Zither, die ich sofort für meine Schwester kaufen muss. Meine Tochter findet ein altes Modellauto, mein Freund ein Buch über die Sächsische Schweiz. Den Raum mit Uniformen lasse ich links liegen, doch die Schreibmaschinen, Telefone, Kameras und Schallplatten nebenan begeistern mich. Und ganz am Ende des langen Flurs stehen Möbel. Ich lasse mich auf einen Sessel plumpsen und bleibe sitzen. Das stört hier keinen.

✍ Das Trödelhaus ist Freitag, Samstag und Sonntag geöffnet. Für den Sommer empfehle ich den acht Kilometer entfernten Bernsteinsee (Seite 39).

WALD UM PRENDEN /// 16348 WANDLITZ / PRENDEN ///
EINE SCHÖNE TOUR DURCH TIEFEN WALD, VORBEI AN SEEN
UND DURCH DIE HEIDE FINDEN SIE UNTER
WWW.BARNIM-WANDERWEGE.DE/BAUERNHEIDE-PRENDEN.HTM ///

Schon als Kind liebte ich den Herbst. Denn ab Ende September hieß es Freitagabend oft: »Morgen früh geht's in die Pilze!« Ich konnte vor freudiger Aufregung kaum einschlafen und war sehr müde, als ich am nächsten Morgen kurz nach 5 Uhr geweckt wurde. Mein Opa stand Punkt halb sechs mit seinem Auto vor der Tür. Wir stiegen ein und fuhren eine knappe Stunde durch die Dämmerung nach Prenden. Hier, darauf schwor mein Opa, gab es die meisten und die schönsten Pilze im ganzen Berliner Umland.

Pünktlich zum Sonnenaufgang parkten wir am Waldrand, nahmen einen Schluck Tee aus der Thermoskanne und aßen eines der Brötchen, die meine Oma eingepackt hatte. Und dann stiefelten wir los. Ich hatte einen kleinen Korb, mein Opa einen großen. Schon nach einem kurzen Stück verließen wir die ausgetretenen Wege und tauchten ein ins Dickicht. Wir folgten dem Duft von feuchtem Moos, Pilzen und Holz. Dieser Geruch löst in mir bis heute Wohlgefühle aus. In den Mischwäldern fanden wir Stein- und Birkenpilze, manchmal auch Rotkappen. In Schonungen unter Kiefern standen Maronen und Butterpilze. Als wir gegen 10 Uhr mit vollen Körben zurück zum Auto kamen, war es nur noch eines von vielen am Waldrand. Wir freuten uns und beteuerten mehrfach unser Sammlerglück. Eine Stunde später saßen wir alle um den Küchentisch und putzten unsere Ernte. Angeschmort in Butter und Zwiebeln, dazu Kartoffeln und Petersilie – mehr braucht ein gutes Pilzgericht nicht.

Die Pilzsuche ist in Berlin und Umgebung sehr beliebt. Vermutlich liegt das an der Lebensmittelknappheit in der Großstadt zu Zeiten des Krieges. Da waren die Städter auf das angewiesen, womit der Wald sie versorgte. »Wer zu spät aufsteht, findet kaum noch was«, pflegte mein Opa zu sagen. Und er hat bis heute Recht. Also, früh aufstehen! Wer nutzet die Morgenstund, hat mittags die besten Pilze im Mund.

✐ Wann und wo wachsen Pilze? Informationen dazu gibt es etwa im Pilz-Ticker-Brandenburg unter www.passion-pilze-sammeln.com/pilz-ticker-brandenburg.html.

BEACH ZONE RUHLSDORF /// BIESENTHALER CHAUSSEE 16 ///
16348 MARIENWERDER / RUHLSDORF /// 01 78 / 3 27 58 85 ///
WWW.BEACH-ZONE.DE ///

Für alle, die gerne am Strand Volleyball spielen (neudeutsch: beachen), gibt es am Bernsteinsee in Ruhlsdorf den perfekten Ausflugsplatz. Nur 45 Minuten Fahrt sind es von Berlin-Mitte zu den Sanddünen, die wie ein Ostseestrand anmuten. Jörg Bohn und Volker Apitzsch, zwei Hobby-Beacher aus Berlin, haben hier ein Kleinod errichtet, das an heißen Sommertagen voll ist. »Von Anfängern über Freizeitsportler bis hin zu Beachern und Trainern auf höchstem Niveau, die an großen Turnieren teilnehmen, ist alles dabei«, sagt Jörg Bohn, der seinen Beruf als Sportlehrer zugunsten des Betriebs von Beachvolleyballplätzen in und um Berlin 2005 an den Nagel hängte. Mit acht solcher Felder starteten sie am Bernsteinsee, nun wurde aufgestockt, denn immer mehr Menschen wollen auf den 50.000 Quadratmetern Strand die Bälle übers Netz schlagen. Die Nutzung der Felder ist im Eintrittspreis enthalten.

Viele Familien bevölkern im Sommer den Sand. Für Kinder ist es toll, weil der Uferbereich seeeinwärts flach ist. Nach rund zehn Metern wird es aber schnell sehr tief. Deswegen sollte man seine kleinen Nichtschwimmer im Auge behalten. Das Wasser des künstlichen Sees, der einst zu einem Kieswerk gehörte, ist sehr klar, und eine Tauchschule auf dem Gelände lädt zu Entdeckungstouren unter Wasser. »Bis zu fünf Meter tief ist die Sicht. Im Schilf können Sie viele Fischarten und Krebstiere beobachten«, erklärt Jörg Bohn.

Um einen alten Zirkuswagen stehen Sonnenschirme und Liegestühle. Hier versorgen wir uns mit dem, was man in einem Schwimmbad erwartet: Pommes, Gegrilltes, Radler und Eis. Für Vegetarier gibt es Grillkäse. Und wem das Beachen als sportliche Betätigung nicht mehr genügt, der fährt direkt gegenüber eine Runde Wakeboard – oder probiert es zumindest, wie ich einst in Petersdorf (Seite 139).

Mit Bahn und Rad anreisen? Gute Idee! Die Heidekrautbahn (RB27) fährt ab Karow oder Gesundbrunnen bis Lottschesee. Von dort sind es noch sieben Kilometer.

HEIDELBEERHÜGEL AN DER L294 ZWISCHEN BIESENTHAL UND SOPHIENSTÄDT /// GANZ VIELE HEIDELBEERSTRÄUCHER BEFINDEN SICH UNWEIT DER STELLE, WO DIE A11 DIE L294 ÜBERQUERT ///

Heidelbeeren – da denke ich an Urlaube an den Masuren oder in Norwegen, wo wir die violetten Kügelchen eimerweise ernten konnten. Dass aber auch das Berliner Umland voll davon ist, habe ich eher zufällig entdeckt, im Vorbeifahren. Besonders viele Heidelbeersträucher gibt es zum Beispiel im Norden, wo die A11 die kleine huckelige L294 überquert. Hier ist der Waldboden mit den knöchel- bis kniehohen Pflänzchen bedeckt, so weit das Auge reicht. Je nach Witterung kann man von Ende Juni bis Anfang September Beeren finden. Übrigens: Ich wasche sie gründlich vor dem Verzehr. Dass der Fuchsbandwurm tatsächlich lauert, ist zwar umstritten, aber ich gehe lieber auf Nummer sicher.

Wenn ich dann mein Körbchen voll habe, bleibt die Frage: Wie genießen? Damals in Polen haben wir sie mit der dicken süßen Sahne gegessen. Die gibt's hier nicht. Aber normale süße Sahne tut es auch, ein bisschen Zucker gebe ich dazu. Viele der blauen Kugeln naschen sich so weg, sie verschwinden nach und nach von der Schale auf dem Küchentisch. Am Abend mixt mein Freund uns leckere Cocktails aus Heidelbeeren, Gin und Tonic. Die Kinder bekommen eine alkoholfreie Version mit Ingwerlimonade. Die Rezepte findet er im Internet und wandelt sie ab.

Am nächsten Morgen zieht der Duft von Blaubeerpfannkuchen durch die Wohnung: Ich habe 300 Gramm helles Dinkelmehl mit 3 Esslöffeln Hafersahne, 300 Millilitern Vanille-Hafermilch, 2 Esslöffeln Rohrohrzucker, etwas Zimt und Kardamom sowie 1–2 Teelöffeln Natron zu einem glatten Teig verrührt und dann die Heidelbeeren untergehoben. Jetzt backe ich den Teig in ein wenig Ghee (es geht auch Bratöl mit etwas Butter) aus. Für die Pancakes, die sehr an das amerikanische Original erinnern, stehen Ahornsirup, Zimtzucker und Apfelmus bereit ... Okay, ich schreibe demnächst mal ein Kochbuch!

✍ Viele wildwachsende Heidelbeersträucher sind unter www.mundraub.org verzeichnet. Weniger abenteuerlustige Menschen pflücken auf Plantagen wie in Klaistow.

EINE WANDERUNG DURCH DEN GAMENGRUND, NORDÖSTLICH VON
BERLIN, IST IM HERBST EINE SEHR FARBENFROHE ANGELEGENHEIT.
WER LIEBER TRITT ALS LÄUFT, KANN AUCH EINE DRAISINE NEHMEN
(SEITE 53) UND DAMIT DIE STILLGELEGTEN GLEISE ENTLANGFAHREN.

LIEBLINGSPLATZ FAHRRAD: HIER ZIEHT DAS LAND GEMÜTLICH
AN EINEM VORBEI UND MAN KOMMT (FAST) ÜBERALL HIN

MARIAS EMPFOHLENE STRECKE BEFINDET SICH AUF DEM RADFERNWEG
BERLIN-KOPENHAGEN AB ORANIENBURG /// IDEALER STARTPUNKT:
S-BAHNHOF LEHNITZ (S1), LEHNITZSTRASSE (LIEGT DIREKT AN DER
STRECKE) /// 16515 ORANIENBURG ///

Radfahren ist *die* Fortbewegungsart im Berliner Umland. Meine Schwester Maria ist täglich mit dem Fahrrad in der Stadt unterwegs, am Wochenende fährt sie raus und kennt hunderte Kilometer Radweg rund um Berlin. Deswegen habe ich sie ausgefragt.

Maria, warum bist du so oft im Berliner Umland unterwegs?
Gleich hinter der Stadtgrenze warten Wälder, Wiesen und Weite, das ist Balsam für die Seele des gestressten Großstadtmenschen. Besonders toll an Brandenburg finde ich das viele Wasser und die ausgebauten Radwege. Oft sind es richtige Fahrradstraßen, auf denen man ganz entspannt auch zu zweit nebeneinander dahinrollen kann. Brandenburg ist ideal zum Radfahren, weil es flach ist. So kann ich auch Freunde, die im Alltag wenig mit dem Rad unterwegs sind, für eine gemeinsame Tour motivieren. Und ich liebe den Geruch der märkischen Sand- und Kiefernlandschaften. Den gibt es nur hier!

Hast du eine Lieblingsstrecke in Brandenburg?
Nein, denn ich mag die Abwechslung. Aber ich habe einen Tipp: Der erste Abschnitt der Berlin-Kopenhagen-Route von Oranienburg bis nach Fürstenberg/Havel bietet bis auf Berge wirklich alles: Kanäle, auf denen die Hausboote gemächlich entlangschippern, saftige grüne Weiden, auf denen Pferde und Kühe grasen, Wälder, Badeseen en masse, die bizarre Tonstichlandschaft nördlich von Zehdenick und einen traumhaften Blick auf die Umgebung in Himmelpfort.

Zu welcher Jahreszeit ist das Radfahren hier am schönsten?
Im Sommer kann man sich alle paar Kilometer in großen und kleinen Seen erfrischen. Das ist ein Traum. Gerade wenn die Tage unerträglich heiß sind und der Asphalt in der Stadt kocht, versuche ich rauszukommen. Denn auf dem Rad in Brandenburg lassen sich auch mehr als 30 Grad gut aushalten. Ich erinnere mich an 2013: Am heißesten Tag des Jahres sitzen wir wie die Ölsardinen im vollgestopften Regio nach Müncheberg, schwitzen und bereuen es fast. 30 Minuten

später rollen wir los, die feuchte frische Waldluft weht uns um die Nase und alles ist gut. Spätestens nach dem Sprung in den Däbersee in Waldsieversdorf (Seite 131) sind wir glücklich. Auch der Herbst ist wunderbar. Es gibt so viele Obstalleen in Brandenburg. Äpfel, Birnen, Pflaumen, Brombeeren warten nur darauf, gepflückt zu werden. Das ist wie im Schlaraffenland.

Hast du Tipps für die Fahrradmitnahme im Zug?

Das Fahrrad im Zug mitzunehmen, ist gerade im Sommer eine echte Herausforderung. Denn immer mehr Leute sparen sich den autoverkehrsreichen Berliner Teil der Strecke und wollen mit dem Radeln gleich an einem gechillten Ort in Brandenburg beginnen. Was für eine Chance für die Bahn! Das scheint diese aber leider nicht so zu sehen. Also ganz pragmatisch: Ich versuche, an der ersten Berliner Station in den Regio einzusteigen. Da gibt es oft noch Platz im Radabteil. Ansonsten kräftig durchatmen und immer schön locker bleiben, wenn die Leute auf den Klappstühlen trotz freundlicher Bitte nicht aufstehen wollen, die Schaffnerin wegen der Fahrräder im Gang sprachlich ausfallend wird oder andere Radfahrer schon drei Stationen vor ihrem Ausstieg die Räder umstellen und sich an der Tür postieren wollen. Man kommt immer irgendwie an!

Was sollte man unbedingt dabei haben, wenn man mit dem Rad losfährt?

Wasser. Bei Touren über 50 Kilometer eine gepolsterte Radhose. Und leider hat Rainald Grebe Recht, wenn er singt: »Nimm dir Essen mit, wir fahren nach Brandenburg«. Das stimmt natürlich nicht für alle Orte. Immer wieder bin ich bei Touren auf ausgezeichnete kleine Cafés, Gasthöfe oder Bäckereien gestoßen. Ich erinnere mich an den leckeren Kuchen im ÖkoLea Hofcafé in Klosterdorf oder diese original DDR-Bäckerei in Zabelsdorf am Berlin-Kopenhagen-Radweg. Am Oderbruch hat's uns aber erwischt. Auf den gut 20 Kilometern von Kienitz nach Küstrin fanden wir keinen Ort, um unsere leeren Mägen zu füllen. Also: Ein paar Nüsse, Bananen und 'ne Notstulle dabei zu haben, kann nicht schaden. Anderen Schnickschnack kann man sich sparen. Eine Radkarte ist zwar nett, aber die meisten Wege und Routen sind super ausgeschildert.

Welches Fahrrad ist für Touren im Umland am besten geeignet?
Mein eigenes Fahrrad habe ich secondhand gekauft. Es ist etliche Jahre an holländischen Kanälen langgeradelt und hat bis auf seinen getapten Sattel nichts Besonderes. Das Fahrrad einer Freundin klappert so stark, dass man das Gefühl hat, es würde jeden Moment auseinanderfallen. Fazit: Auf den Radwegen Brandenburgs kommt man mit jedem Fahrrad super voran. Ich bin regelmäßig irritiert, wenn mir Radler begegnen, die so mit Hightech ausgestattet sind, als würde eine Alp-d'Huez-Etappe anstehen.

Was war der schönste Ort, den du mit dem Fahrrad entdeckt hast?
Viele! Eigentlich ist es das auf dem Fahrrad sitzen an sich: Den Wind in den Haaren spüren, den Geruch von Kiefernholz und Heu im Sommer und von Fallobst und Tau im Herbst in der Nase. Das Geräusch der Räder auf dem Asphalt und das Singen der Vögel im Ohr. Und sehen, wie die Landschaft sich verändert. Klingt kitschig, ist aber so.

🚲 TMB Tourismus-Marketing Brandenburg hat die umfangreiche *Brandenburg App* entwickelt, mit der man unter anderem Radtouren planen kann. Sie kostet nichts.

»WENN ES NICHT GERADE PFLASTERSTEINE REGNET«, SAGT ER, STEHT
PAUL BERGNER AM WOCHENENDE MIT SEINEM INFOMOBIL VOR DER
EHEMALIGEN FUNKTIONÄRSZUFAHRT. BERGNER HAT ALLES
ZUSAMMENGETRAGEN, WAS MAN ÜBER DIESEN EHEMALIGEN WOHNSITZ
DES POLITBÜROS, SEINE BEWOHNER UND AUCH EINIGE GÄSTE IN
ERFAHRUNG BRINGEN KANN, UND ERZÄHLT IHNEN GERN, WAS ER WEISS!

WALDSIEDLUNG /// BRANDENBURGALLEE 1 ///
16321 BERNAU-WALDSIEDLUNG /// NICHT VERUNSICHERN LASSEN!
DAS GELÄNDE WIRD HEUTE VON DER BRANDENBURGKLINIK GENUTZT.
DIE ALTEN HÄUSER STEHEN ZWISCHEN VIELEN NEUBAUTEN.

AUF DEN SPUREN DES POLITBÜROS
Bernau-Waldsiedlung

15

Es war einmal ein kleines Land, das hieß DDR. Die Menschen, die in diesem Land lebten, wurden von einer kleinen Gruppe Männer regiert, die seit 1960 zusammen mit ihren Familien im Wald wohnten. Hier berieten sie in aller Abgeschiedenheit über die politischen Angelegenheiten, gingen zusammen auf die Jagd und ins Schwimmbad. Diese Männergruppe nannte sich Politbüro, ihre Siedlung im Wald kannten viele unter dem Namen *Wandlitz*. In Wirklichkeit aber handelte es sich dabei um eine Waldsiedlung, die zum Forst der Stadt Bernau gehört und Wandlitz nur näher liegt als Bernau. Die Namen der Gruppenmitglieder und Bewohner des geheimen Ortes waren den meisten hingegen korrekt im Kopf. Namen wie Otto Grotewohl, Walter Ulbricht, Erich Honecker, Willi Stoph, Günter Mittag oder Erich Mielke wurden in den Nachrichten und im Unterricht rauf und runter gebetet.

Ich bin in diesem Land geboren und verbrachte einen Großteil meiner Kindheit am Rande Ostberlins. In meine Schule gingen die Kinder der DDR-Rockstars und -Sternchen wie *Die Puhdys* oder *Karat*. Auf Kindergeburtstagen staunte ich nicht schlecht über die riesigen Häuser, in denen sie lebten, die moderne Architektur. In den großen Gärten hatten manche sogar Swimmingpools! In einem Land, in dem alle gleich und nur ganz wenige ein bisschen gleicher waren, war das äußerst irritierend.

Noch mehr aber staunte ich, als es keine DDR mehr gab: Da fuhr ich eines Tages in die Waldsiedlung, um mir anzusehen, wie die Mitglieder des Politbüros gelebt hatten. Ich erwartete ein außergewöhnliches Areal, strotzend vor Luxus. Aber ich fand nur grau-braune, etwas größere Häuser im tristen Oststil. Es gab ein Schwimmbad für alle, nur Willi Stoph hatte einen Pool im Garten. Nun ja, ich habe mal gehört, Erich Honecker habe sich besondere Fliesen in sein Bad legen lassen. Immerhin.

✐ Mit der Broschüre »Wer wohnte wo?« können Sie im Hollywood-Stil auf Spurensuche gehen. Zu beziehen unter www.ddr-bunker.de oder vor Ort bei Paul Bergner.

DIE SCHAUMOLKEREI UND DER MILCHLADEN IN BIESENTHAL
HABEN MONTAG BIS FREITAG VON 10 BIS 18 UHR, AM SAMSTAG
BIS 14 UHR GEÖFFNET

MILCHLADEN VON LOBETALER BIO / HOFFNUNGSTALER WERKSTÄTTEN ///
SYDOWER FELD 1 /// 16359 BIESENTHAL /// 0 33 37 / 43 03 50 ///
WWW.LOBETALER-BIO.DE ///

WO DER JOGHURT WÄCHST
Der Milchladen in Biesenthal

Seit einiger Zeit gibt es zu meiner Freude Bio-Joghurt aus der Region. Da kann man einfach mal hinfahren! Und so schaue ich eines Tages im Milchladen durch große Fenster in die Produktionshalle, wo mein Lieblingsjoghurt gerade in blau-grüne *Naturschutzbecher* abgefüllt wird. Jeden Monat erfahre ich auf dem Deckel etwas Neues über den Naturpark Barnim. Das Land Brandenburg würdigte die Lobetaler Bio-Molkerei 2014 mit dem Nachhaltigkeitspreis. Auch, weil die Lobetaler Bio-Molkerei ein soziales Projekt ist, das überwiegend Menschen mit Behinderung beschäftigt.

Ich frage Reinhard Manger, wie so ein Betrieb läuft. »Die Beschäftigten, wie unsere Mitarbeiter mit Behinderung bei uns genannt werden, bestimmen den Rhythmus«, erklärt mir der Vertriebsleiter. »Unter Anleitung von fünf Facharbeitern sind bei uns zurzeit 25 Beschäftigte tätig. Und die hüpfen schon mal aus der Reihe«, schmunzelt er. Mit Gesprächsrunden zum Befinden eines jeden beginne der Tag und es gebe immer einen Zeitpuffer. »›Wir machen jetzt mal schnell‹ – das gibt's hier nicht«, sagt Reinhard Manger. Dafür seien die Beschäftigten sehr motiviert, zuverlässig, engagiert und mit Freude bei der Sache. Vielleicht schmeckt der Joghurt deswegen so gut?

Tradition trifft im Milchladen auf Moderne: All die bunt bedruckten Becher aus einer umweltfreundlichen Mixtur aus Talkum und Kunststoff stehen ordentlich im Kühlregal. Und gleich daneben kann man sich frische Milch selbst abfüllen – in Pfandflaschen oder mitgebrachte Behältnisse, wie früher. Es gibt frisches Gemüse und andere regionale Produkte. Aber das Beste ist der Mischsorten-Joghurt, den es nur hier an der Theke gibt. Wenn die Produktion zum Beispiel von Zitrone zu Kirsche wechselt, gibt es einen Übergangsjoghurt, der beide Geschmacksrichtungen beinhaltet. Jeden Tag etwas anderes. Lecker!

✍ Nur 350 Meter entfernt hält der RE3 Richtung Schwedt. Den Bahnhof haben Biesenthaler Bürger 2005 in ein Kulturzentrum verwandelt: www.bahnhof-biesenthal.de

**DRAISINENBAHN TIEFENSEE /// ADOLF-REICHWEIN-STRASSE 2 ///
16356 WERNEUCHEN / TIEFENSEE /// 01 77 / 5 60 47 78 ///
WWW.DRAISINENBAHN.DE ///**

Ich fühle mich wie ein Abenteurer, als wir Proviant und Decken auf die Draisine laden. Die Kinder nehmen in der Mitte Platz und wir Eltern treten los. Es rollt. Im strahlenden Sonnenschein verlassen wir den Bahnhof Tiefensee. Ich fühle mich unheimlich leicht. Ein Gefühl von Freude steigt in mir auf, sodass ich fast laut aufgeschrien hätte. Aber das übernehmen die Kinder für mich. Alle fünf Gesichter strahlen, wir fahren mitten durch wunderschönen Wald, dann fällt rechts von uns das Gelände steil ab und gibt einen herrlichen Blick auf die Landschaft frei.

Als wir an der ersten Straßenkreuzung ankommen, steigen die großen Kinder ab und sperren die (unbefahrene) Straße, während wir Erwachsenen das schwere Gerät, das eine Spezialanfertigung ist, über die Kreuzung schieben. Am völlig zugewachsenen Bahnsteig des Bahnhofs Leuenberg machen wir Rast und genießen ein Picknick in der Sonne. Alle sind ausgesprochen fröhlich und ganz hier. Zwei Hebeldraisinen kommen aus der entgegengesetzten Richtung, vollbesetzt mit fröhlichen Sachsen, Bierkisten und Sektfläschchen. Schnell haben die Männer unsere Fahrraddraisine rausgehoben, den Punkt passiert und helfen uns auch, die Draisine wieder auf die Schienen zu hieven. So ist das wohl unter Draisinenfahrern. Sie spendieren meinem Freund eine Flasche Bier und mir ein Glas Sekt. Dann hebeln sie davon und es wird wieder ruhig. Auch wir setzen unsere Fahrt fort, halten hier und da, suchen nach Pilzen im Wald und erreichen schließlich den Bahnhof Sternebeck. Die Kinder und der Mann sind begeistert von den vielen alten Lokomotiven und Bahnwaggons.

Mit Einbruch der Dunkelheit sind wir zurück in Tiefensee. Es gibt Kartoffelsalat und Gegrilltes, und wir übernachten in den alten Waggons der Linie U2, die im Bahnhof stehen. Draisine fahren steht seither ganz oben auf der Hitliste unserer Kinder.

✍   Da es bestimmte Abfahrtzeiten gibt, damit sich niemand unterwegs in die Quere kommt, sollten Sie Ihre Draisinenfahrt vorher immer telefonisch anmelden.

**KLOSTER CHORIN /// AMT CHORIN 11A /// 16230 CHORIN ///
03 33 66 / 7 03 77 /// WWW.KLOSTER-CHORIN.ORG ///**

ÜBER INNERE UND ÄUSSERE SCHÖNHEIT
Kloster Chorin

Rund 95.000 Gäste pro Jahr und trotzdem charmant und irgendwie besonders, so empfinde ich das Kloster Chorin am südlichen Ende der Uckermark. »Des Landes schönster Schmuck«, heißt es selbstbewusst auf der Website des Klosters. Nun, Schönheit liegt ja bekanntlich im Auge des Betrachters. Aber das ehemalige Zisterzienserkloster hat schon viel, was dem allgemeinen Schönheitsideal entspricht. Die Markgrafen von Brandenburg, Askanier, ließen 1273 dieses prächtige Bauwerk als Hauskloster errichten. Im roten Backstein finden sich gotische Formen und feine Ornamente, wie man sie vom Kölner Dom oder der Notre-Dame in Paris kennt. Es sei ein Prachtstück deutscher Frühgotik, liest man hier und da. Für mich, die sich mit Architekturgeschichte nur notgedrungen im Unterricht beschäftigt hat, sieht das Gebäude einfach hübsch aus.

Viel mehr als das Äußere zieht mich das Innere an, das im Rahmen dieser mittelalterlichen Klosterruine wunderbar zur Geltung kommt. Auf den Märkten, die hier regelmäßig stattfinden, erwachen nämlich traditionelle Handwerke und altes Wissen zu neuem Leben – Pflanzen, Kräuter, Keramik und Kunsthandwerk üben auf mich eine große Faszination aus. Halte ich einen mit Liebe und Hingabe gefertigten Tonkrug in der Hand, bin ich vielmehr mit dem Herzen bei meinen Vorbereitungen fürs Abendessen als mit einer Kanne aus dem Einrichtungshaus. Auf den Märkten im Kloster Chorin findet man diese Dinge. Auch Kunst und Kultur gibt es hier: Zu Ostern begegnet man Drachen, Narren, Elfen und Rittern. Im Sommer erklingen klassische Konzerte unter freiem Himmel. Im Abthaus wird seit 2010 zeitgenössische Kunst ausgestellt. Und auch wenn kein Event ansteht, ist das Kloster ein Ort, an dem ich stets und schnell den Alltag vergesse, indem ich einfach im Garten des Klostercafés sitze oder durch den Kreuzgang spaziere.

✐ Lieblingstag gefällig? Mit dem Rad im Zug nach Eberswalde, am Kanal zum Schiffshebewerk Niederfinow radeln, dann durch den Wald zum Kloster Chorin.

GLÜCKLICHE KÜHE IM ÖKODORF BRODOWIN

ÖKODORF BRODOWIN /// WEISSENSEE 1 /// 16230 CHORIN / BRODOWIN ///
03 33 62 / 2 46 /// WWW.BRODOWIN.DE ///

2006 verließ ich meine beschauliche Studentenstadt Göttingen und zog zurück nach Berlin. Am meisten vermisste ich den Wochenmarkt mit zahlreichen Bio-Produkten. So etwas gibt es in Köpenick leider nicht. Wie sehr freute ich mich da, als ich von der Ökokiste aus Brodowin hörte. Seit zehn Jahren kommt so der Wochenmarkt heimlich nachts zu mir – bis vor die Wohnungstür.

Als meine Tochter drei Jahre alt war, fuhren wir das erste Mal die Kühe besuchen, die uns jede Woche die leckere Milch schicken: zum Hoffest nach Brodowin, das jedes Jahr im Juni stattfindet. Wir konnten die Kühe auf der Weide sehen, Kälber in den Ställen streicheln und leckeres Essen aus der Region kosten. Absolutes Highlight für mein Stadtkind war die Heu-Sprunganlage: Berge von Heupaketen sind im Kreis übereinander gestapelt. Hat man sie erklommen, kann man hinunterspringen – in ein weiches, goldenes Heubad. Was für ein Spaß! Stundenlang saß ich in aller Ruhe da und beobachtete mein Kind, das unermüdlich hochkletterte, runtersprang, sich aus dem Heu wuselte und erneut die Ballen erklomm. Später liehen wir uns eines der Tretautos und cruisten umher. So muss sich ein Kind auf dem Land jeden Tag fühlen! Nach einer leckeren Kugel vom feinsten Bio-Mangoeis machten wir uns beschwingt auf den Rückweg.

Wir waren nicht die ersten Bio-Touristen im Dorf Brodowin. Seit den 1980er-Jahren trafen sich auf Einladung des ortsansässigen Schriftstellers Reimar Gilsenbach hier regelmäßig ökologisch und kulturell Interessierte, Wissenschaftler und Künstler zu den *Brodowiner Gesprächen*. Aus dieser Runde ging die Gründung des *Ökodorf Brodowin e. V.* im Jahre 1991 hervor. Heute gibt es neben dem Dorf einen Demeterbetrieb mit Schaumolkerei, Gemüseanbau, Kühen, Ziegen und Hühnern zu sehen. Die Brodowiner Produkte stehen inzwischen in fast jedem Berliner Biomarkt.

🛒 Der Brodowiner Hofladen am Ortseingang ist täglich von 9 bis 17 Uhr geöffnet. Führungen im Demeterbetrieb gibt es auf Anfrage und jeden Samstag im Sommer.

UNZÄHLIGE SEEN SIND EINES DER MARKENZEICHEN DER REGION RUND UM BERLIN. VIELE BERLINER HABEN IHREN PERSÖNLICHEN LIEBLINGSSEE, DER WIE EIN GEHEIMNIS NUR DEN GANZ VERTRAUTEN MENSCHEN VERRATEN WIRD.

JWD IM SÜDEN

ÜBER VERGANGENHEIT,
VERÄNDERUNG UND
DAS FLIEGEN

Und hier die gute Nachricht zur Nichteröffnung des Flughafens: Wir haben ein Autokino gleich vor den Toren unserer Stadt! Denn niemand braucht die großen Flächen in Schönefeld, solange es keinen Großflughafen gibt. Stattdessen wird hier seit Sommer 2015 eine zehn mal zwölf Meter große Leinwand aufgeblasen, rechts und links davon haben insgesamt 300 Autos Platz. Der Ton kommt per Radiofrequenz, Frauen in Petticoats und Männer in Bowling-Hemden servieren Drinks und Popcorn. Burger gibt es auch, kreiert von einem Australier.

Die Frau, die das alles auf die Beine gestellt hat, nennt sich *Dani vom Autokino* und verzichtet gern auf Höflichkeitsfloskeln. Sofort sind wir beim Du – das sei viel angenehmer. Stimmt. Ihre Art allein sorgt für Wohnzimmeratmosphäre. Dani war viele Jahre Existenzgründungsberaterin. Ein ehemaliger Kunde, der Geschäftsführer des Autokinos, warb sie ab. Er hatte ihre Offenheit für das Außergewöhnliche erkannt. »Alles, was im Kino sonst nicht geht, ist hier möglich«, berichtet Dani fröhlich. »Rumknutschen zum Beispiel«, grinst sie. »Es kommen auch viele Eltern mit ihren Babys her, die dann gemütlich auf dem Rücksitz schlafen. Die jungen Eltern kommen sonst ja kaum raus.« Als der Film *Minions* lief, kamen viele Kinder. Im Sonnenuntergang kickten sie mit ihren Eltern – wie bei einem Familienfestival sei das hier gewesen, schwärmt Dani. Gleich um die Ecke, in Rudow, gab es bis 1993 auch ein Autokino, habe sie kürzlich erfahren. Deswegen kommen viele Rudower heute her und genießen die nostalgischen Gefühle, die sie in ihre Jugend zurückversetzen.

Es ist ein warmherziger und fröhlicher Ort, Danis Offenheit ist Programm: neben Blockbustern und Klassiker-Abenden gibt es Theater im Autokino und Kontakt zu einem Oldtimer-Klub, sodass manchmal alte Ami-Schlitten da sind.

🖉 Kein Auto fürs Autokino? Kommen Sie mit der Bahn und nehmen einen der Liegestühle in der ersten Reihe! Das Autokino liegt direkt am S-Bahnhof Schönefeld.

GESCHENK-TIPP: »BER-PANNEN-QUARTETT«, EIN KARTENSPIEL, DAS AUF WITZIGE WEISE DARSTELLT, WAS BEIM BAU DES GROSSFLUGHAFENS ALLES SCHIEF GELAUFEN IST

FLUGHAFEN BERLIN BRANDENBURG (BER) /// WILLY-BRANDT-PLATZ /// 12529 SCHÖNEFELD /// 0 30 / 6 09 17 77 70 /// WWW.BERLIN-AIRPORT.DE ///

Bei den Buddhisten heißt es: »Wenn du es eilig hast, setze dich!« – Dieser Spruch ist für mich der Inbegriff der Gelassenheit, deren höchste Kunst darin besteht, die Dinge hinzunehmen, die man nicht ändern kann, sie buchstäblich sein zu lassen.

Und ich glaube, es war der Wunsch meines Freundes, genau diese Fähigkeit in sich weiterzuentwickeln, als er mit mir eines Nachts spontan von der A113 Richtung Flughafen Berlin Brandenburg (BER) abbiegt. Auf dem kurzen, so gut wie unbefahrenen Autobahnabschnitt, der nach ursprünglichen Planungen bereits 2007 viele Menschen täglich zum neuen Flughafen in Schönefeld bringen sollte, steht plötzlich rechts ein Auto in Flammen. Die Insassen sind ein paar Meter entfernt in Sicherheit. Den Mann an meiner Seite scheint an diesem Ort nichts mehr zu überraschen. Während ich meinen Schock noch verarbeite, fährt er entspannt weiter, biegt rechts ab. Die mehrspurige Bahn, die wir ganz für uns allein haben, steuert direkt auf das Geisterterminal des uneröffneten Flughafens zu. Die Verzögerungen haben meinem Freund den Verlust seiner Firma, seines Hauses – kurzum den Zusammenbruch seines kompletten bisherigen Lebens beschert. Der Luftfahrt-Ingenieur und etliche Mitarbeiter standen bereit, Koffer der Fluggäste im Hotel oder von zu Hause abzuholen und einzuchecken, inklusive Ausdruck der Bordkarte.

Statt Koffer zu sortieren, sortiert er heute sein Leben neu und übt sich in Annahme und Bescheidenheit. Und während wir ganz langsam eine Runde vorbei am Terminal, an Nebengebäuden und unfertigen Vorplätzen drehen, erzählt er mir unglaubliche Geschichten über fehlende Tankanschlüsse und Tunnelgräber, die sich verpassen. Vor kurzem ist der Putz von den Wänden gefallen. Wir lachen. Dieser Ort des Stillstands brachte wieder Bewegung in sein Leben.

✒ Die Leere ist beeindruckend! Die Busse 735 und 738 fahren vom S-Bahnhof Schönefeld direkt zum Willy-Brandt-Platz. Der Flughafen bietet geführte Touren an.

Öffnungszeiten

Mo-Fr
9.00 Uhr - 18.00 Uhr

Schwäne, Enten, Tauben

im Bereich des Imbisses

nicht füttern!

DIE KANALWURST – CURRYWURSTBUDE AM KANAL /// AM AALFANG 2 ///
15711 KÖNIGS WUSTERHAUSEN /// 0 33 75 / 21 74 28 /// WWW.KW-CITY.DE/
KWER-ORIGINALE/DIE-KANALWURST/DIE-KANALWURST.HTML ///

WASSERSPIELPLATZ AM NOTTEKANAL /// ZUGANG VOM UFERWEG
AM KANAL ODER VON DER SCHLOSSSTRASSE, GLEICH NEBEN DER
SCHLEUSE /// 15711 KÖNIGS WUSTERHAUSEN ///
WWW.KOENIGS-WUSTERHAUSEN.DE ///

»Zweje und 'ne Bulette bitte«, ruft der mächtige, tätowierte Mann mit blonden Haaren und Flip-Flops morgens kurz nach zehn ins Fenster mit Markise. – »Allet klar«, antwortet es aus dem Inneren. – »Ick hab dich vermisst, wo warst'n du?«, fragt der Tätowierte und unterhält sich mit dem Wirt, während zwei Würstchen aus heißem Öl in Pappschalen wandern und mit etwas Rotbraunem überzogen werden. Die Sauce ist das Geheimnis der Kanalwurst, die es nur hier am Nottekanal in Königs Wusterhausen gibt. Im Fenster steht Veikko Plutz, ein gut gebauter Mann mittleren Alters, fröhlich, mit rundem Gesicht und echter Brandenburger Schnauze. Sein Großvater rührte 1973 die erste Currysauce dieser Art im Keller an und servierte sie pünktlich zum Tag der Republik, am 7. Oktober 1973, an dem er den Imbiss am Kanal eröffnete. Der Imbiss begleitete die Einwohner von KW, wie Königs Wusterhausen hier heißt, durch DDR-Zeiten und die chaotischen Wendejahre bis zum heutigen Tag. Nach seinem Vater hat nun Veikko Plutz den Laden übernommen. Er wirkt stolz und hat offensichtlich Spaß an der Arbeit.

Alle Stehtische sind an diesem Dienstagmorgen besetzt. An einem speist eine ältere Frau mit Rollator, ihr gegenüber tut es ein Mann mit Handgelenktasche im gleichen Alter. Schweigend genießen sie. Am Nebentisch stehen eine Frau und zwei Männer Mitte vierzig, sie sehen aus wie Kollegen, vielleicht haben sie gerade Frühstückspause. Ein junger Radfahrer macht Pause, ein Pärchen sieht touristisch aus. Ein knappes Dutzend weiterer Rentner und ein Mann im vornehmen Hemd stehen jetzt in der Schlange, die sich hier ständig neu bildet, egal zu welcher Tageszeit. Und obwohl ich Fazits am Ende eines Textes nicht sehr mag, muss ich hier eines unterbringen: Die Kanalwurst ist wirklich lecker und der Ort ein Muss für jeden, der das Leben am Rande Berlins kennenlernen möchte.

✑ Wer nicht an einem Stehtisch speisen möchte, sitzt am Kanal. Mit Kindern ist der nahe gelegene Wasserspielplatz auf der Mühleninsel wärmstens zu empfehlen.

FILMKUNST UND KULTUR IN KÖNIGS WUSTERHAUSEN: DAS CAPITOL PRÄSENTIERT ZWEI ARTHAUS-FILME PRO WOCHE UND EINMAL IM MONAT EIN KONZERT, KABARETT, THEATER ODER EINE LESUNG AUF DER KULTUR-BÜHNE. MANCHMAL LÄUFT AUCH EIN KLASSIKER.

CAPITOL – DAS KULTURKINO /// BAHNHOFSTRASSE 16 ///
15711 KÖNIGS WUSTERHAUSEN /// 0 33 75 / 46 97 77 ///
WWW.CAPITOL-KW.DE ///

FILMKUNST STATT BLOCKBUSTER

Capitol – das KULTurKINO in Königs Wusterhausen

23

Während sich im Prenzlauer Berg Touristen und Einheimische um Karten in Programmkinos drängen und rundherum der Großstadtrummel tobt, kann man in Königs Wusterhausen ganz entspannt ins Kino gehen und die neuesten Arthaus-Filme sehen. Das *Capitol* ist eine Institution hier am südlichen Stadtrand, seit 1930. Ich mochte das Kino beim ersten Blick in das Foyer, das von der Liebe zum Film vollkommen erfüllt ist.

»Der Film heute war speziell«, sagt eine Frau nach dem Ende der Vorstellung zu Anne Jurk, die das Kino seit 2005 zusammen mit ihrem Mann Wolfgang betreibt. – »Speziell zu sein ist heute doch mehr denn je notwendig«, verkündet die Geschäftsführerin mit sympathischer Brandenburger Schnauze, die die Gäste nach der Vorstellung in der Lobby persönlich verabschiedet. Ihr Mann leitete von 1984 bis 2000 das Filmtheater. Er ist einer der letzten Facharbeiter für Filmwiedergabetechnik. Den Beruf gibt es schon längst nicht mehr. Und auch das Kino wurde im Jahr 2000 geschlossen, als ein Multiplex-Kino ganz in der Nähe eröffnete. Doch die Königs Wusterhauser gaben nicht auf und kämpften für den Erhalt ihres geliebten Kinos. Mit Unterstützung vieler Ortsansässiger schafften die Jurks es, das *Capitol* im Februar 2005 wieder zu eröffnen. Seither ist es ein Familienbetrieb. Der älteste Sohn arbeitet seit ein paar Jahren auch schon mit. Und die Menschen nehmen es dankbar an. »80 Prozent unserer Besucher sind Stammgäste«, erzählt mir Anne Jurk. »Es gibt auch Gruppen, die kommen jede Woche zu einer festen Zeit und schauen den Film, der gerade läuft.«

Offensichtlich haben sie Vertrauen in die Filmauswahl der Familie. Und obwohl Anne Jurk erst abwinkt, verrät sie mir dann doch: Ihr sind die Filme am liebsten, bei denen etwas hängen bleibt, die zum Nachdenken anregen.

🎞 Das Kino befindet sich fast direkt am S-Bahnhof und ist daher ganz bequem mit öffentlichen Verkehrsmitteln zu erreichen. Regional- und S-Bahn halten hier.

STEFFI SCHLEGEL UND SABRINA SUNSERI MACHEN DEN OHNEHIN SCHON
WUNDERSCHÖNEN WEINLADEN ZU EINEM ORT DER FRÖHLICHKEIT

WEINLADEN AM KANAL /// BAHNHOFSTRASSE 24 ///
15711 KÖNIGS WUSTERHAUSEN /// 0 33 75 / 29 51 70 ///
WWW.KW-WEINLADEN.DE ///

»WIR SIND HALT SEHR NETT«

Weinladen am Kanal in Königs Wusterhausen

24

Rote Backsteinwände, ein offener Kamin, neun kleine Tische, Kerzen und 76 verschiedene Weine aus der ganzen Welt – Läden wie diesen kennt man aus Kreuzberg. Aber da fließt kein kleiner Kanal vor der Tür, an dem man im Sommer sitzt und ein Schloss vor Augen hat. Da treten nicht zwei Gitarristen auf, die Monate im Voraus für vollbesetzte Tische sorgen. Und vor allem arbeiten da nicht Steffi und Sabrina.

Den Weinladen am Kanal in Königs Wusterhausen gibt es seit über 20 Jahren. 2015 hat ihn Steffi Schlegel übernommen. Sie war bis dahin Restaurantchefin im A10-Center in Wildau. Als sie mit dem Gedanken spielte, den Weinladen zu übernehmen, sagte sie zu ihrer besten Mitarbeiterin und Freundin Sabrina Sunseri: »Entweder du kommst mit oder ich lass das mit dem Laden.« Sabrina kam mit. Seither erfreuen sie Stammgäste und Besucher des kleinen feinen Weinlokals. Es ist beeindruckend, wie blind sich die beiden verstehen, wie die Handgriffe in dem kleinen Laden ineinander übergehen. Als wären sie nicht zwei Menschen mit jeweils zwei Händen, sondern einer mit vieren. Die Freundschaft zwischen den beiden und ihre Liebe zur Gastronomie erfüllen den ganzen Raum. »Die Leute geben einem so viel zurück, wenn man nett zu ihnen ist«, schwärmt Steffi. Und es klingt kein bisschen überheblich, als sie schmunzelnd hinzufügt: »Und wir sind halt sehr nett.«

Zu den Weinen reichen die beiden Kleinigkeiten wie Oliven, Schinken und Käse. Das absolute Highlight ist jedoch die Tomatenbutter. Kaum ein Gast, der nicht davon spricht. Das Rezept ist natürlich geheim. Verraten kann ich Ihnen allerdings, dass bei mir der frische Flammkuchen mit Ziegenkäse, Nüssen, Rosmarin und Honig für eine weitere Geschmacksexplosion gesorgt hat. Keine Ahnung, was der leichte Weißwein oder die fröhlichen Gespräche damit zu tun hatten!

🍷 Ein Abend in Königs Wusterhausen: Erst Programmkino, dann Weinladen. Aber reservieren Sie rechtzeitig, gerade am Wochenende ist es hier schnell voll!

DAS ÖFFENTLICHE »ERLEBNIS-WC« ZIMMERTE DER SOHN DES VEREINSVORSITZENDEN HERBERT KRENZ, DAMIT ES DIE FRAUEN HIER AUF DEM WEINBERG BEQUEM HABEN. UM SAUBERKEIT UND REGELMÄSSIG WECHSELNDE DEKO KÜMMERN SICH DIE VEREINSMITGLIEDER.

MÜHLENBERG /// 15741 BESTENSEE /// WWW.BESTENSEER-WEINBAU.DE ///

»Mama, ich muss mal«, ertönt es von der Rückbank. Wir haben gerade das Ortsschild »Bestensee« passiert. Mal eben in den Wald pullern geht also nicht mehr, denke ich, da taucht plötzlich rechter Hand ein Schild »Generationenwald« auf. Geht vielleicht doch?

Wir folgen dem Schild, biegen links in einen kleinen Weg und parken. Der Generationenwald entpuppt sich als ein Stückchen Land, auf dem Freunde und Familienangehörige für geliebte Menschen Bäume gepflanzt haben. Ein schöner Platz, aber kein Ort zum »Austreten«, wie meine Grundschullehrerin zu sagen pflegte. Oberhalb gibt es ein Waldstückchen, das vielversprechend aussieht. Und was ist eigentlich dieser Hügel gleich nebenan? Ein Weinberg? Wir gehen näher heran und stehen plötzlich vor mehreren Reihen Weinreben, an denen schon kleine Träubchen hängen. Am Anfang einer jeden Reihe blühen Rosen und baumelt ein Keramikherz. Ganz oben auf dem Weinberg steht ein kleines Holzhaus. Es ist bunt bemalt. Ein Hexenhäuschen? Die Mädchen rennen hin und öffnen die Tür: Es ist ein Klohäuschen! Ein ganz und gar liebevoll eingerichtetes und sehr gepflegtes Örtchen. Nachdem die Kinder fertig sind, nutze auch ich die Gelegenheit und lasse dabei die Tür offen stehen. Noch nie habe ich ein solch erhebendes kleines Geschäft erledigt: mit dem Blick den Weinhügel hinab in die Weite und dabei doch allen Luxus moderner Zivilisation. Sorgfältig benutze ich die frisch duftende Seife und das offenbar frisch gewaschene Handtuch und verschließe die Tür zu diesem Lieblingsplatz wieder. Ich stehe noch eine ganze Weile da, rieche an den Rosen und schaue ins Land, während die Mädchen auf den Bäumen des Waldstückchens herumklettern. Eine Holztafel verrät mir, dass der Ort dem Bestenseer Weinbauverein gehört. Bevor wir weiterfahren, wirft jeder noch einmal einen Blick aus dem Häuschen.

🖉 Zweimal im Jahr lädt der Weinbauverein zu Musik und Wein auf dem Mühlenberg: im Juni zur Brandenburger Landpartie, im September zum Federweißerfest.

AM PÄTZER TONSEE FINDET MAN ALLES, WAS MÄRKISCHES SOMMERVERGNÜGEN AUSMACHT: KIEFERN, SAND UND KLARES WASSER

TONSEE /// KREUZUNG B179/B246 ///
15741 BESTENSEE /// WWW.BESTENSEE.DE ///

GEHEIMTIPP VERWIRRUNG
Tonsee Bestensee

26

Mit 30 Grad im Schatten ist es der erste heiße Tag des Jahres. Wir sind auf dem Weg nach Teupitz und die Kinder haben schon nach 20 Minuten Autofahrt die Nase voll. Sie wollen baden, und zwar sofort. Auf der Karte sehe ich einen kleinen See, Tonsee, unweit unserer momentanen Position. Ich erinnere mich an den Tipp »Tonsee südlich von Berlin« eines Freundes und freue mich, dass ich ihn spontan entdeckt habe. Ich lotse meinen Freund Richtung Kreuzung B179/B246. Am Straßenrand stehen Autos. Hier muss es sein. Wir parken in der wilden Reihe, schnappen Decke, Essen und Handtücher.

Und tatsächlich, hinter zwei Baumreihen eröffnet sich das, was ich an Brandenburg so liebe: ein klarer Waldsee, sandiger Boden, auf dem hohe Kiefern wachsen, dazwischen ein paar Eichen und Birken. Familien und Gruppen von Jugendlichen liegen unter den Bäumen im Sand. Kienäpfel wohin das Auge sieht, dazwischen krabbeln Waldameisen. Zwei junge Männer spielen Volleyball, eine Fünfjährige beschwert sich lautstark bei ihrem großen Bruder. Er hat sie nass gespritzt. Im flachen Wasser der Badestelle steht etwas unschlüssig eine runde Frau im Badeanzug. Das Wasser scheint noch kalt zu sein. Unseren beiden Wasserratten ist das egal, schon sind sie drin. Sie planschen fröhlich und üben Handstand, während wir es uns im Halbschatten gemütlich machen. Die Luft ist warm und duftet nach Kiefern. Trotz der vielen Menschen bin ich ganz ruhig, zum ersten Mal heute. Ich lehne meinen Kopf an die Schulter meines Freundes und schließe die Augen. Hier und jetzt fühle ich mich rundum wohl. Als wir ein Picknick und viele glückselige Minuten später zwölf Kilometer weiter südlich einen zweiten Tonsee entdecken, bin ich verwirrt: Welcher ist denn nun der Geheimtipp? Beim dritten in Motzen überlege ich weiter. Beim vierten, in Mittenwalde, gebe ich auf.

🚲 Tonsee-Radtour: vom Bahnhof Groß Köris vorbei an vier Tonseen in Klein Köris, Bestensee, Motzen und Mittenwalde bis zum S-Bahnhof Königs Wusterhausen.

FREILICHTMUSEUM GERMANISCHE SIEDLUNG KLEIN KÖRIS ///
GEGENÜBER BUSCHWEG 8 /// 15746 KLEIN KÖRIS ///
WWW.GERMANISCHE-SIEDLUNG-KLEIN-KOERIS.DE ///

EIN MAGISCHER ORT
Germanische Siedlung Klein Köris

27

Ein wenig mulmig ist mir schon, als wir über das Feld zur Germanischen Siedlung laufen. Habe ich doch gerade in der Zeitung von Neonazi-Camps in Brandenburg gelesen. Doch es sind weit und breit keine Nazis zu sehen. Stattdessen Hütten aus Lehm und Stroh, an denen Tierfelle hängen. Manche stehen fest auf der Erde, andere luftig auf Stelzen. Weiter hinten ist ein Feuerplatz. Die Kinder sind sofort in einer der Hütten verschwunden.

Wir sehen uns neugierig um. Einzig der Campingtisch passt nicht in diese Welt, an dem eine Frau Cola und Limonade in Plastikbechern verkauft. Ein Mann mit langen grauen Haaren, Lendenschurz und Schnürschuhen tritt an uns heran. »Guten Tag, sind Sie zum ersten Mal hier?«, fragt er freundlich, mit Schweißperlen auf der Stirn. Es sind locker 45 Grad in der Sonne. Michael Böhm ist der Schatzmeister des Vereins, der die Germanische Siedlung betreibt. »Wissenschaftler, Bürger und Landfrauen haben ihn 1995 gegründet«, sagt er und erzählt uns, wie der ehrenamtliche Bodenerhaltungspfleger Bernd Fischer aus Zeuthen in den 1970er-Jahren an eine Baustelle in Klein Köris gerufen wurde. Er machte hier die ersten Keramikfunde, wo vom 2. bis zum 5. Jahrhundert tatsächlich eine germanische Siedlung stand. Sie zu erforschen und nach und nach wieder herzustellen, hat sich der Verein zur Aufgabe gemacht. »Mit Rechtsextremen haben wir hier nichts am Hut«, sagt Böhm. Es seien mal welche da gewesen, die habe er an ihren komischen Fragen erkannt.

Viel spannender ist da die Tatsache, dass ein uralter Schamane aus Mexiko diesen Ort regelmäßig besucht und Rituale abhält. Dass es ein magisches Fleckchen Erde ist, sehe ich auch an den beiden Zehnjährigen, die hier kaum wegzubewegen sind. Sie lieben es, die alten Hütten und Gegenstände zu erkunden.

✍ Vom Bahnhof Königs Wusterhausen (S-Bahn, Regionalzug) fährt der Bus 727 Richtung Teupitz nach Klein Köris. Von der Haltestelle Wiesengrund sind es noch sieben Minuten zu Fuß. Danach: Abkühlen im See!

KÖRISER BIO OASE /// BIRKENSTRASSE 1 ///
15746 GROSS KÖRIS / KLEIN KÖRIS ///
03 37 66 / 4 23 45 /// WWW.BIOOASE-BIOPRODUKTE.DE ///

MEHR SEIN ALS SCHEIN

Köriser Bio Oase

28

»Wie schön entspannt die Leute da in ihrem Garten unter Bäumen sitzen«, schwärmt Andres, als wir in den Sandweg einbiegen. Wir sind dem Wegweiser »Eiscafé und Naturkostladen« gefolgt, denn es ist ein warmer Sommertag. Neben dem unspektakulären Schild »Köriser Oase« parken wir, folgen ihm – und stehen plötzlich selbst in dem Garten, in dem Leute unter Bäumen sitzen. Na so was!

Wir nehmen auf Holzstühlen unter einem Apfelbaum Platz. Die Karte sieht aus wie viele im Ostteil der Republik: Klarsichthüllen mit gelben Blättern, auf die in Times New Roman, fett, das Angebot gedruckt ist. Immerhin, »Bio-Eis«, heißt es da. Wir bestellen Eisbecher mit Früchten und Sahne. Kurz darauf hören wir die Küchenmaschine lärmen. Als die freundliche große Frau in gelber Bluse uns die Eisbecher bringt, schmelzen wir dahin: Das Eis ist köstlich, die Erdbeeren, Heidelbeeren und Wassermelone frisch, die Sahne fest und gehaltvoll.

Auf dem Weg zur Toilette komme ich am Naturkostladen vorbei. Er befindet sich in diesem einfachen Wohnhaus und ist von außen nicht zu sehen. Ich entdecke Bilder von lockigen Rindern an den Wänden. »Das sind Herefordrinder«, erzählt mir Katrin Tischler, unsere Kellnerin, die sich als Inhaberin entpuppt. »Sie gehörten früher uns.« Inzwischen haben die Betriebswirtin und ihr Mann, ein Landwirt, die Herde verkauft. Das ökologisch erzeugte Fleisch der Herde vermarkten sie weiterhin. 2004 gründete Katrin Tischler den Naturkostladen, eine Pionierin in der Region. Es folgten das Restaurant und ein Lieferservice. Die Chefin kocht selbst mit den Zutaten, die sie auch in ihrem Laden verkauft – bio und regional aus dem Spreewald. Bei der Qualität der Zutaten würde man in Berlin ein buntes Marketing-Feuerwerk starten. Katrin Tischler in Klein Köris ist einfach, einfach sie selbst. Sie liebt, was sie tut. Und das schmeckt man.

Die Köriser Bio Oase erreicht man auch in wenigen Minuten zu Fuß vom Klein Köriser See, einem beliebten Ziel oder Stopp für Kanufahrten im Dahme-Seenland.

KLEINE SORTIMENTE AUS PRIVATHAUSHALTEN FINDET MAN IM GANZEN BERLINER UMLAND. DIE ANWOHNER STELLEN MARMELADEN, FRISCHES OBST, EIER, KARTOFFELN UND GEMÜSE AUS DEM EIGENEN GARTEN VOR IHRE HÄUSER. BEZAHLT WIRD IN BAR IN DIE KASSE DES VERTRAUENS.

IN DIESER HALLE SOLLTEN RIESIGE LUFTSCHIFFE GEBAUT WERDEN.
DOCH DAS PROJEKT PLATZTE. ANSTELLE VON INGENIEUREN KAMEN
HANDWERKER AUS SÜDASIATISCHEN LÄNDERN UND BAUTEN TRADITIO-
NELLE HÄUSER UND TORE. 2004 ERÖFFNETE DAS TROPICAL ISLANDS.

TROPICAL ISLANDS /// TROPICAL-ISLANDS-ALLEE 1 ///
15910 KRAUSNICK /// 03 54 77 / 60 50 50 ///
WWW.TROPICAL-ISLANDS.DE ///

Die riesige Halle sieht man schon von weitem über die Baumwipfel ragen. Draußen ist es kalt. Aber innen sind es stets zwischen 26 und 30 Grad. Wir haben ein Familienzimmer reserviert, hängen die Wintersachen an den Haken, ziehen Shorts und Flip-Flops an. Mit Handtuch und Strandtasche schreiten wir von der Piratenstadt, in der wir wohnen, in den Regenwald. Die Kinder freuen sich über Flamingos und Schildkröten, ich über einen großen Buddha und die Palmen. Schon stehen wir am Strand der Südsee. Die Kinder planschen voll Freude. Ich fühle mich wie im Film *The Truman Show* von 1998, in dem der Protagonist aufs Meer hinauspaddelt und dann feststellt, dass der blaue Himmel nur eine Leinwand ist. Viele Menschen um mich herum sprechen Polnisch, manche Englisch. Das gefällt mir. Im Tropino Kinderparadies sitzen wir später neben anderen Eltern und warten auf den Nachwuchs.

Draußen wird es dunkel und innen langsam etwas ruhiger, viele Tagesgäste reisen jetzt, am späten Nachmittag, ab. Mein Freund ist begeistert von der Anlage. Ich mag ja lieber echt. Trotzdem bin ich beeindruckt. Und ich freue mich, dass ich das erste Mal seit Tagen auch ohne drei Paar Wollsocken nicht friere.

Das Abendessen ist überraschend lecker. Während die Kinder im Zimmer einen Film schauen, gehen wir in die Saunalandschaft. Spätestens jetzt gefällt es auch mir hier sehr. In der Oase der Ruhe ist alles liebevoll und hochwertig eingerichtet. Als wir nach zwei Saunagängen zurück ins Zimmer kommen, sind die Kinder bereits badefertig. Alle fünf gehen wir zur Lagune, die jetzt grün strahlt. Es sind nur wenige Menschen da, und wir genießen das Wasser und die Illusion eines Urlaubs in der Karibik. Nebenan ist eine Strandbar unter Palmen. Am Wochenende kann man hier rund um die Uhr baden. Kurz vor Mitternacht bekommen wir die Kinder endlich wieder aus dem Wasser.

𝄢 Ich empfehle einen Besuch mit Übernachtung, denn dann kann man diesen Ort wirklich genießen. Zelte, Zimmer und Lodges stehen zur Miete.

DENKMAL – CAFÉ – FERIENWOHNUNG – ZUGBETRIEB ///
BAHNHOF KLASDORF /// AM BAHNHOF KLASDORF 1 ///
15837 BARUTH / MARK KLASDORF /// 03 37 04 / 6 79 28 ///
WWW.BAHNHOF-KLASDORF.DE ///

ZWISCHEN TANGO WAGGON UND JAZZ EXPRESS

Bahnhof Klasdorf

»Dieser Bahnhof könnte Ihnen gehören!«, stand eines Tages am Bahnhofsgebäude in Klasdorf. Der Direktor des Museums Glashütte war gerade auf seiner morgendlichen Radtour zur Arbeit, als er das Schild entdeckte. Er zögerte nicht lange und kaufte das denkmalgeschützte Gebäude, um den Bahnhof für die Besucher der Region zu erhalten. Seine Frau, Katharina Schicke, richtete drei Ferienwohnungen und ein Café im ehemaligen Stellwerk ein.

Schnell fanden sich Mitstreiter wie Petra Liesenfeld und Klaus Axenkopf, die in Klasdorf einen Kulturhof betreiben. Die Musikerin ist für das Kulturprogramm im Café zuständig. Von April bis Oktober organisiert sie jeden letzten Sonntag im Monat Live-Musik. Katharina Schicke sorgt für duftenden Kaffee und Kuchen, passenden Wein und lokale Herzhaftigkeiten. Um 16 Uhr geht es los. Dann lauscht man dem *Jazz Express*, schwingt im *Tango Waggon* oder im *Tanztee Interregio* Beine und Hüften, zusammen mit Dorfbewohnern, Zugezogenen, Besuchern und zufälligen Gästen.

Mit Einfallsreichtum kämpfen die Baruther gegen die stets drohende Schließung als Haltestation der Deutschen Bahn. So stimmen sie etwa die Veranstaltungen auf die Zugzeiten ab – ein Glück für uns Berliner! Eine Stunde dauert die Fahrt ab Südkreuz. Je nachdem, ob ich vor dem Kulturprogramm noch einen Ausflug machen möchte, reise ich um 10.45 Uhr oder um 14.45 Uhr an. Dann lausche, tanze und genieße ich und steige kurz nach sieben in den letzten Zug gen Norden. Entspannter und gemütlicher geht es kaum. Doch das Allerbeste ist die Freundlichkeit und Offenherzigkeit der Menschen hier: Die Wirtin tanzt mit. Alte, junge, dicke, dünne, gerade und krumme Gesichter lächeln in die Runde. Das Konkurrenzdenken der Großstadt ist fern. In Klasdorf fühle ich mich stets willkommen, so wie ich bin. Achtung: Diese Lebensfreude könnte Ihnen gehören!

🖉　Und vor dem Konzert? Das Museumsdorf Glashütte, der Wildpark Johannismühle und der Fläming-Skate sind gemütlich mit dem Fahrrad ab Klasdorf erreichbar.

HIER FEIERTEN DIE OFFIZIERE. WÜNSDORF WAR DER GRÖSSTE STÜTZPUNKT DER ROTEN ARMEE AUSSERHALB DER SOWJETUNION. 70.000 MENSCHEN LEBTEN ZU DDR-ZEITEN HIER. TÄGLICH FUHR EIN ZUG VON WÜNSDORF NACH MOSKAU. SEIT 1994 STEHT DAS AREAL LEER.

HAUS DER OFFIZIERE /// HAUPTALLEE /// 15806 ZOSSEN / WÜNSDORF /// WWW.GO2KNOW.DE ///

Es ist kalt, als wir durch die morsche Tür, an der der Lack abblättert, hindurchgeschlüpft sind. Ich betrete den riesigen Saal, und die Einsamkeit in diesem Gebäude, das einst so voller Leben war, lässt mir einen zusätzlichen kalten Schauer über den Rücken laufen. Das letzte warme Sonnenlicht des Jahres fällt in die leeren 600 Quadratmeter. Es gibt zahlreiche Verzierungen und ebenso viele Löcher an den Wänden. In den Ecken liegen Glassplitter, Staub und ein altes Magnetband. Erst war das die Turnhalle, später feierten in diesem Raum die obersten Offiziere der hier stationierten Roten Armee ihre Feste. DDR-Bürgern war das Betreten der gesamten Militärstadt Wünsdorf untersagt. Ich fühle mich immer noch, als täte ich etwas Verbotenes. Leer, kalt und ergreifend sind auch der Theatersaal mit 500 Plätzen und das Kino, in dem ich eine zerknüllte Zigarettenschachtel mit kyrillischen Schriftzeichen finde. Mein Jahr Russisch in Klasse fünf reicht nicht aus, diese zu entziffern.

Auf dem Weg quer durch den Park zum gegenüberliegenden Gebäude wärmt mich die Herbstsonne wieder etwas auf. Auffällig viele Birken stehen hier. Ob die Russen diese extra haben pflanzen lassen, der Heimatgefühle wegen? Überall steht »Betreten verboten«. Doch die Türen sind offen. Meine kleine Schwester schlüpft mutig hinein. Ich nehme den Eingang nebenan. Es kostet mich viel Überwindung, ganz allein tiefer in das Gebäude einzudringen. Ich sehe von Wänden hängende Blümchentapeten und Türen, die aus dem Rahmen fallen, zerbrochene Pflanzkübel und immer noch mehr Säle, Räume, Flure, Treppen. Als die Angst die Neugier besiegt, kehre ich um. Kurz vor dem Ausgang kommt mir Jule entgegen: »Ich habe da was entdeckt, das musst du sehen!«, ruft sie begeistert. »Was?«, frage ich. »Das musst du selbst herausfinden«, zwinkert sie mir zu. Und ich werde es auch nicht verraten!

🖉　Das Gelände ist bewacht. Touren bietet die Berliner Agentur *go2know*. Die Guides laden mit ihrem Wissen zu einer echten Reise in die Vergangenheit!

ROMANTISCHES VOLLMONDSCHWIMMEN

Kristall Saunatherme Ludwigsfelde

32

Man muss das Nacktsein schon mögen, wenn man in die Kristalltherme nach Ludwigsfelde fährt. Es gibt zwar zwei »Textiltage« in der Woche, diese schützen aber nicht vor der Nacktheit der anderen Badegäste. Wer sich unbekleidet wohlfühlt, kann dieses Behagen noch steigern: Einmal im Monat, wenn der Mond vollkommen ist, treffen sich Verliebte, Liebende und andere sich nahestehende Menschen zum romantischen Vollmondschwimmen.

Kerzen am Beckenrand, auf der Poolbar und auf den Tischen, küssende Pärchen am Beckenrand. Frauen gleiten auf den Händen ihres Liebsten sanft durch das badewannenwarme Heilwasser. Hin und wieder ergießt sich ein Wasserfall in das größte der vier Thermalbecken. Rundherum im Kreis sind Saunen angeordnet: die Bergkristall- oder Amethyst-Sauna zum Beispiel. Das Programm für die Aufgüsse des Abends gibt es am Eingang. Und man muss schon aufpassen, dass man nicht doch in Stress verfällt, weil sie einfach alle so einladend klingen, »Gold-Mond-Aufguss« zum Beispiel oder »Der Sternenwanderer«. Einmal in der Stunde gibt es kostenfreie Quarkmasken in der Sole- oder Nebelhöhle. Ja, was braucht man mehr, um mal schnell zu entspannen? Vielleicht einen Cocktail an der Bar inmitten fünfprozentiger Thermalsole? Oder eine Runde durch den Strömungskanal im Außenbecken treiben, mit dem Blick in die Sterne, während das Licht von rot zu blau zu grün wechselt?

Wenn das Vollmondschwimmen um 19 Uhr beginnt, ist es oft noch ziemlich voll hier. Je nach Wochentag finden auch Aqua-Fitness-Kurse statt, die so gar nicht zu einer romantischen Stimmung passen. Aber spätestens ab 21 Uhr wird es ruhig, leerer und sanfte Musik streichelt die Seele. Bis kurz vor Mitternacht Roger Whittaker *Abschied ist ein scharfes Schwert* singt. Das sitzt. Und der Ohrwurm hält garantiert bis zum nächsten Tag. Egal, wie man zu Schlagern steht.

    Das romantische Vollmondschwimmen findet zu jedem Vollmond statt. Dann ist die Therme bis Mitternacht geöffnet und es gibt spezielle Aufgüsse und Angebote.

FLUGPLATZ SCHÖNHAGEN /// FLUGPLATZ ///
14959 TREBBIN / SCHÖNHAGEN /// 03 37 31 / 30 50 ///
WWW.FLUGPLATZ-SCHOENHAGEN.DE ///

VON DER MÖGLICHKEIT, ABZUHEBEN
Flugplatz Schönhagen

33

An einem sonnigen Tag im Dezember fahre ich mit Andres zum Flugplatz Schönhagen. Hier machte er einst seinen Pilotenschein. Heute sind wir nur Zuschauer. Als wir auf das Gelände fahren, ist Andres baff, wie es in den letzten Jahren gewachsen ist, wie viele Gebäude hier entstanden sind – ein ganzes Dienstleistungszentrum rund um die Fliegerei.

»Viele Berliner, die früher in Tempelhof ihre Privatflugzeuge stehen hatten, starten nun hier«, erklärt mir der Flugleiter im Tower. Von hier oben sehe ich eine kleine rote Maschine landen, sie erinnert mich an den Film *Der englische Patient*.

Ich liebe das Fliegen und Flughäfen. Aber noch nie war ich auf einem Verkehrslandeplatz, wie diese kleinen Flughäfen korrekterweise heißen. Der Luftfahrtingenieur an meiner Seite erklärt mir das gern. Noch nie habe ich kleine Flugzeuge aus der Nähe gesehen. Mir gefällt die Idee, einfach mal die Welt von oben sehen zu können, ganz oder fast ganz allein, ohne Stewardessen, Aufbackbrötchen und Filterkaffee. Und ich denke, dass ich mir das wohl nicht leisten kann. Bis ich mit der Frau ins Gespräch komme, die den Zugang zum Rollfeld überwacht. Sie macht auch Segelflug, für 65 Euro im Monat. Das geht ja! Für 40 Euro gibt es einen Schnupper-Segelflug. Ich erkenne: Das Angebot am Flugplatz Schönhagen ermöglicht es jedem, mal abzuheben. Unterschiedliche Firmen und Vereine bieten hier Ballonfahrten, Hubschrauberflüge, Segelflüge, Rundflüge und sogar Schnupperflüge an, bei denen man selbst das Steuer in die Hand nehmen darf.

Bei einem Kaffee im Tower-Restaurant *Cockpit* lasse ich die Flugplatz-Atmosphäre von Technik inmitten der Natur auf mich wirken und überlege, ob ich mich in ein Segelflugzeug traue oder lieber einen motorisierten Rundflug machen will. Den gibt's ab 120 Euro für 20 Minuten, und ich kann noch zwei Leute mitnehmen.

✎ Die Rundflugzentrale des Flughafens sammelt die Angebote der Flugschulen, Vereine und Firmen vor Ort unter www.rundfluege-schoenhagen.de.

WIE PASSEN WIR ZUSAMMEN? DAS WOLLEN DIE MENSCHEN
IM ZEGG GEMEINSAM HERAUSFINDEN

ZEGG BILDUNGSZENTRUM /// ROSA-LUXEMBURG-STRASSE 89 ///
14806 BAD BELZIG /// 03 38 41 / 59 51 00 (MONTAG BIS FREITAG
10 BIS 12 UHR) /// WWW.ZEGG.DE ///

ZUSAMMENLEBEN NEU GESTALTEN

ZEGG Bildungszentrum Bad Belzig

34

Am Rande von Bad Belzig, wo einst die Auslandsspione der Stasi ausgebildet wurden, gibt es auch heute noch so manches Geheimnis zu lüften. Aber im Gegensatz zu den DDR-Zeiten will im *Zentrum für experimentelle Gesellschaftsgestaltung* (ZEGG) niemand etwas verstecken. Das, was es hier zu entdecken gibt, möchte gesehen und gelebt werden.

Rund 100 Menschen leben im ZEGG – die älteste Bewohnerin ist 87 Jahre, der jüngste wenige Monate alt. Alle zusammen üben neue Formen des Miteinanders. Ihre Erfahrungen teilen sie in Seminaren und Veranstaltungen. Die Vision ist eine Gesellschaft, die von einem respektvollen und solidarischen Miteinander geprägt ist, in dem jeder seine Bedürfnisse kennt und frei entfalten kann, sofern sie nicht die Freiheit anderer beschränken. Liebe, Freundschaft, gewaltfreie Kommunikation und ein konstruktiver Umgang mit Konflikten sind die Forschungsfelder des Zentrums. Auch mit ökologischer Lebensweise und politischen Strukturen wie der Soziokratie beschäftigt man sich hier. Das ZEGG ist seit 2015 als gemeinnützige Bildungseinrichtung anerkannt und bietet eine ganz besondere Art des Lernens: die eigene Erfahrung.

»Was ich selbst erlebe, das bleibt mir erhalten, ein Leben lang«, erklärt Cordula Andrä. Die Diplom-Politologin arbeitete einst im Bundestag. Vor fünf Jahren kam sie als Sommergast her, vereinzelte bei 35 Grad die Möhren im Garten, war fasziniert von den Menschen und Ideen – und blieb.

Wer ebenso auf der Suche nach mehr Wahrhaftigkeit ist oder den Wunsch nach Verbundenheit spürt, kann im ZEGG fündig werden. Die Menschen hier haben nicht nur das Wissen, sondern auch die eigene Erfahrung, welche die Veranstaltungen und Seminare prägt. Dieses Erleben macht den Ort so besonders und gibt Impulse zur Veränderung.

✍ Von April bis September finden jeden Sonntag um 16 Uhr Führungen durch das ZEGG statt. Alle Veranstaltungen finden Sie auf der Website.

SCHINKEL-KIRCHE SCHÄPE /// SCHÄPE 11A (DIREKT AN DER DORFSTRASSE) /// 14547 BEELITZ / SCHÄPE /// 01 79 / 1 27 03 28 (HARTWIG REMY) /// WWW.SCHINKEL-KIRCHE-SCHAEPE.DE ///

GLOCKEN ZU BLUMENTOPF ZU GLOCKEN
Schinkel-Kirche Schäpe

35

»Als ich 1994 das erste Mal hierherkam, stachen mir vor dem Eingang der Kirche ungewöhnliche Blumenkübel ins Auge«, erzählt Evelyn Smit vom *Förderverein Schinkel-Kirche Schäpe e. V.*, als wir uns
auf das Gotteshaus zubewegen. Die Bewohner des Dorfes hatten die
gusseisernen Glocken 1964 geschwind umfunktioniert, ehe sie ver-
schwanden – wie so vieles, wie ich erfahre. Ein Einschussloch in der
größeren der beiden Glocken zeugt von ihren Kriegsjahren im Turm.

Heute sind die Glocken keine Blumenkübel mehr, sondern hängen am originalgetreu nachgebauten Glockenschauer neben der Kirche.
Zur Finanzierung wurden unter anderem bundesweit Menschen mit
Nachnamen »Schäpe« angeschrieben. Mit Erfolg. Sie und andere Geld-
geber sind als Paten mit Plaketten am Schauer verewigt. Seit 2011 kümmert sich der Förderverein um die Kirche des berühmten Architekten,
die 1827 errichtet wurde. »Die Baupläne für Kirche und Glockenschauer tragen Schinkels Unterschrift. Aber er selbst war nie hier«, gesteht
Hartwig Remy, der Vereinsvorsitzende. Smit und Remy träumen von
einem Kulturtreffpunkt in der Kirche, mitten in dem 150-Seelen-Dorf.
Ausstellungen haben sie schon organisiert, Konzerte sind geplant.

Auch ihre Liebe zu Schäpe möchten die beiden teilen: »Die Besucher kommen meist zum Spargelessen«, sagt Evelyn Smit und fügt mit
einem Augenzwinkern hinzu: »Und danach wollen sie sich bei einem
Spaziergang die Beine vertreten. Deswegen haben wir im Dorf neun
Infotafeln aufgestellt, die die Menschen zu einem kleinen Rundgang
einladen und ihnen etwas über Schäpes Geschichte erzählen.« Er führt
unter anderem an der alten Schmiede, dem Gasthof und Gemeindehaus
sowie an der »schwarzen Küche« und dem Glockenschauer vorbei. Die
Kirche ist nicht verzeichnet. Aber die ist ohnehin nicht zu übersehen:
anmutig schlicht und klassizistisch wartet sie geduldig auf Besuch.

✎ In der alten Schmiede, fast nebenan, wurde im Mai 2016 ein
Fünf-Minuten-Museum eröffnet. Es katapultiert einen direkt in
Großmutters Zeiten. Um Spenden wird gebeten, diese kommen
der Kirche zugute.

**BAUM UND ZEIT – BAUMKRONENPFAD BEELITZ-HEILSTÄTTEN ///
STRASSE NACH FICHTENWALDE 13 /// 14547 BEELITZ-HEILSTÄTTEN ///
03 32 04 / 63 47 23 /// WWW.BAUMUNDZEIT.DE ///**

FAST VON AST ZU AST

Baumkronenpfad Beelitz-Heilstätten

36

Die alten Lungenheilstätten in Beelitz ziehen seit Jahren Menschen aus aller Welt an, die Fotos von verfallenen Orten nachjagen (Seite 15). Googeln Sie mal Bilder von »Beelitz Heilstätten«, dann sehen Sie, was ich meine! Nun ist es nicht ganz ungefährlich, durch alte verfallene Gebäude zu ziehen, an denen seit Jahrzehnten nichts mehr befestigt wurde. Wenn Sie den Ort besuchen möchten, ohne Ihr Leben zu riskieren, gibt es zwei Möglichkeiten: Entweder buchen Sie eine geführte Foto-Tour unter www.go2know.de. Oder Sie nehmen den Baumkronenpfad, vorausgesetzt, Sie sind einigermaßen höhentauglich.

Seit September 2015 schlängelt sich ein befestigter Weg durch die Baumwipfel in über 20 Metern Höhe. Eigentlich eine Herausforderung für Menschen mit leichter Höhenangst, wie mich. Aber ein Blick gen Himmel oder in die Bäume genügt. Da sehe ich ein Eichhörnchen hüpfen, bunte Vögel fliegen und staune über die Artenvielfalt der Flora und Fauna. Dann kann ich den Blick an den alten Gebäuden, die teilweise wie Schlösser anmuten, auch wieder ganz langsam Richtung Boden schweifen lassen. Der Pfad ist breit und stabil genug, dass die Höhenangst nicht wirklich greift. So schlendert man hier gemütlich und irgendwie erhaben durch die Geschichte und Architektur des frühen 20. Jahrhunderts – und durchquert auch den Dachwald des Alpenhauses. Das Gebäude ist seit 1945 sich selbst überlassen, nachdem es ein Jahr zuvor ausgebrannt war. Hier ist ein eindrucksvoller Wald gewachsen. Die Natur holt sich ihr Terrain zurück.

Der Baumkronenpfad sei der Beginn eines »sanften Tourismus« auf dem riesigen Gelände, sagt das Ehepaar Hoffmann, das den Pfad betreibt. Nach und nach wollen sie die alten Gebäude wieder nutzbar machen. Bis 2020 soll der Pfad seine volle Länge von 1.000 Metern erreicht haben.

✍ Der Baumkronenpfad ist das ganze Jahr geöffnet. Er ist barrierefrei und gut mit öffentlichen Verkehrsmitteln erreichbar. Vom Bahnhof sind es fünf Minuten.

DER GARTEN IST VON APRIL BIS OKTOBER, DIENSTAG BIS SONNTAG UND FEIERTAGS VON 10 BIS 18 UHR GEÖFFNET. SAISONABSCHLUSS IST DAS JAPANISCHE LATERNENFEST.

JAPANISCHER BONSAIGARTEN /// FERCHER STRASSE 61 (MITTELBUSCH) /// 14548 SCHWIELOWSEE / FERCH /// 03 32 09 / 7 21 61 /// WWW.BONSAI-HAUS.DE ///

DURCH ZUWENDUNG GESUND UND ALT WERDEN

Japanischer Bonsaigarten Ferch

37

Hier ist ein Ort intensiver Gefühle und tiefer Entspannung. Ein idealer Platz für ein erstes Date oder die einsame innere Einkehr. Und natürlich für Bonsaifans und Japan-Interessierte. Ob man durch den liebevoll angelegten Garten schlendert oder im Teehaus verweilt, hier herrscht eine Atmosphäre wie im traditionellen Japan, wo man in Ruhe genießt und die Dinge wachsen lässt.

Tilo Gragert war acht Jahre alt, als er zum ersten Mal das Bonsaibuch seiner Mutter in die Hände nahm. Nur drei davon gab es in der DDR. Seit diesem Tag ließ ihn die japanische Gartenkunst nicht mehr los. Der kleine Junge war von den kleinen Bäumen fasziniert. »Es hat mich nicht mehr losgelassen, weil es so kinderleicht ging«, erzählt der gelernte Tischler heute, der von seinen Eltern die Kunst der Bonsaizüchtung lernte. Gleich nach der Wende ergriff er die Chance, nach Japan zu reisen und besuchte seine ersten Bonsaiseminare. Inzwischen hat Tilo Gragert diesen wundersamen Ort angelegt. Er beruhigt mich auch dann, wenn es hier von Besuchern wimmelt – wie zum Laternenfest im Herbst.

Der Zen-Buddhismus hat die Bonsaitradition stark beeinflusst. Trotzdem sagt Tilo Gragert: »Mein Bonsaigarten ist kein religiöser Ort. Mir geht es darum, die Kunst und Kultur zu präsentieren.« Weiß er gar nicht, welch kraftvollen Ort er geschaffen hat? Wenn ich im Zen-Garten am Rande des Teehauses die Stille genieße, spüre ich mehr als Kunst und Kultur. Danach gehe ich ganz achtsam eine Runde durch den Garten und bleibe an der 180 Jahre alten japanischen Schwarzkiefer stehen. Wie viel Arbeit und Liebe da drin steckt! »Bonsai verlangt hohe Konzentration«, erklärt mir Tilo Gragert, »man vergisst alles rundherum. Durch die Zuwendung und Pflege wird der Baum kräftig und wertvoll.« – Wenn wir doch alles so angehen könnten!

🍵 Probieren Sie die Grünteekaubonbons, die es im Teehaus gibt. Wenn Sie grünen Tee mögen, werden Sie die lieben! Ich jedenfalls bin ihnen verfallen.

An Tagen wie heute, an denen mir die To-do-Liste unendlich erscheint und sich mein ganzes Dasein im Gedankenwirbel konzentriert, verschafft mir die Erinnerung an meinen letzten Besuch bei Shreya Kürzeder einen Moment der Ruhe. Dann spüre ich, wie die warmen Kräutersäckchen meine Haut sanft abreiben. Der Kräuterduft legt sich wie ein schützender Balsam auf mein dünnes Nervenkostüm. Ich werde ruhiger und fühle meine Füße wieder, die vom warmen Öl eingehüllt ihre Kälte aufgeben.

Shreya ist Ayurveda-Therapeutin im ayurvedischen Zentrum *Ashish Transformation* in Kleinmachnow. Hier gibt es alles, was die jahrtausendealte Heilkunst zu bieten hat: Medizin, Ernährungsberatung, Heilanwendungen, Massagen und Kosmetik. Das Zentrum arbeitet auf Basis des Siddha Veda, einer praktisch orientierten Linie des Ayurveda, die sich bis zu Doktor Jivaka, dem Hofarzt von Siddhartha Gautama (Buddha), zurückverfolgen lässt. Alles Heilwissen wurde seitdem von Meister zu Schüler weitergegeben. Der zuletzt verstorbene Meister der Linie wurde über 120 Jahre alt, heißt es. Die ayurvedische Ärztin des Zentrums, Suyogi Gessner, ist Schülerin des aktuellen Großmeisters. Das leitende Prinzip des Siddha Veda ist es, anstelle von Symptomen die Ursache einer Krankheit in Angriff zu nehmen, die immer etwas mit Ungleichgewicht zu tun hat. Sobald sie gefunden ist, kann mit Heilmitteln, der Ernährung und dem Lebensstil das Gleichgewicht wiederhergestellt werden – und die Symptome verschwinden meist von selbst.

Die therapeutischen Anwendungen bei Shreya erleichtern das Bei-sich-Sein und In-sich-Ankommen. In einem ausführlichen Gespräch half mir Shreya zu spüren, was ich gerade brauche. In den ersten Minuten der anschließenden Pinda Sveda Massage waren meine Gedanken an To-do-Listen wie weggeblasen. Deswegen mache ich jetzt einen Termin.

Für sehr gestresste Menschen bietet das Zentrum auch Kuren an. Sie bestehen aus mehreren Behandlungen und Beratungsgesprächen, die ganz auf die individuellen Bedürfnisse abgestimmt werden.

JWD IM OSTEN

VON LEBENSTRÄUMEN, WILDNIS UND COOLSEIN

SCHON KURZ HINTER DER STADTGRENZE KANN MAN
BLICKE UND GEDANKEN FREI UND WEIT SCHWEIFEN LASSEN

Echt jetzt, Pferderennen? »Och nö«, dachte ich bislang immer, wenn jemand mich fragte, ob ich mal mit zur Pferderennbahn nach Hoppegarten kommen möchte. An diesem Sonntag ist das anders. Obwohl wir in derselben Stadt wohnen, habe ich meine Freundin und ihre Familie schon so lange nicht mehr gesehen. Also gebe ich mir einen Ruck. Und meiner Tochter auch. Als Tierschützerin hält sie wenig vom Pferdesport. Um einen Anreiz zu schaffen, fahren wir die Strecke vom S-Bahnhof Köpenick mit dem Fahrrad, vorbei an Mühlenfließ und Kletterbäumen durch das wunderschöne Erpetal.

Erfrischt kommen wir zum vierten Rennen an. Die Atmosphäre gefällt mir. Da gibt es die berühmten Hutträgerinnen und Wohlbetuchten auf den Rängen, überall duftet es nach Bratwurst und Zuckerwatte. Auf den Wiesen neben der Tribüne haben es sich Normalverdiener und Familien mit Picknickdecken gemütlich gemacht. Kinder laufen umher. Dazwischen entdecke ich meine Freundin. Mit einem Glas Rosé in der Hand winkt sie uns heran. Meine Tochter ist gleich unten am Rennbahnrand zum gleichaltrigen Sohn verschwunden, der ihr die Regeln des Pferderennsports erklärt. Ich lasse mich auf die Decke plumpsen, trinke meiner Freundin den Rest Rosé weg und werde vom Wettfieber infiziert. Schnell geben wir noch Tippscheine ab. Im fünften Rennen gehen wir leer aus. Im sechsten setzen meine Tochter und ich auf einen Außenseiter, auf Sieg. Wir fiebern mit, als das Feld an uns vorbeigaloppiert, und können es kaum fassen: Unser Pferd liegt vorn! Immer noch. Das ist ja nicht möglich! Er gewinnt das Rennen! Und wir das Dreizehnfache des Einsatzes! Wir sind im Freudentaumel. Wie spannend und aufregend so ein Pferderennen doch sein kann. Unser Gewinn reicht für zwei Bratwürste und zwei Getränke. Wir wollten ja nichts riskieren.

✍ In der Regel findet die Saisoneröffnung am Ostersonntag und das Saisonfinale am 3. Oktober statt. Auch der Pfingstsonntag ist ein fester Renntag.

DDR-DESIGNDEPOT /// HEIDEMÜHLE 12 ///
15366 HOPPEGARTEN / WALDESRUH /// 0 30 / 58 85 38 15 ///

Katrin Dinkel und ich stehen etwas ratlos im Erpetal vor einem Bushaltestellenschild, auf dem statt einer Buslinie »DDR-Designdepot« zu lesen ist. Aber nichts deutet auf einen Eingang hin. Mutig öffnen wir das kleine Gartentor. »Hallo?«, rufe ich vorsichtig. Keine Antwort. Ich gehe näher ran. »Hallo?« – Da schaut ein freundliches Gesicht aus einer geöffneten Glastür. »Ach hallo, immer herein!«, sagt es.

Wir betreten einen Raum mit Regalen aus den 1960er-Jahren, in denen Geschirr in verschiedenen Farben und Formen steht. Katrin ist begeistert und knipst drauf los. Der freundliche Mann ist Richard Anger, dem all diese Stücke gehören, erfahre ich. Der Architekt floh vor 40 Jahren vor dem Wehrdienst nach West-Berlin. In einem Transit-Restaurant entfachte ein Kaffeekännchen aus Edelstahl seine Liebe zum DDR-Design. Seither sammelt er alles, was seiner Ansicht nach auch im Westen hätte verkauft werden können. Katrin ist im Raum nebenan verschwunden. Ich folge ihr. Auf dem Boden steht ein ungewöhnlicher Fernseher, entworfen von Luigi Colani, lerne ich. Im Regal fällt mir ein Kerzenständer auf. Der ist von Erich John, der auch die Weltzeituhr kreierte. Ich lasse mich von der Begeisterung der beiden anstecken und erfahre etwas über Steingut-Geschirr und Lausitzer Glas, über Erich Herzog und, dass IKEA in der DDR eingekauft hat! Am liebsten mag ich die Pusteblumen-Lampe vom VEB Kristallleuchter Ebersbach. Die würde ich sofort mitnehmen. Aber das geht nicht. Richard Anger tauscht nur, und zwar das, was er doppelt hat. Sein neuester Zugang ist ein Kaffeebereiter namens Mocca-Dolly. Dafür hat er einen Fischkessel hergegeben.

»Und wann ist das Depot geöffnet?«, frage ich. – »Immer«, lacht Richard Anger. »Ich bin eigentlich immer da. Hier ist Ruhe und Grün und meine Sammlung. Wieso soll ich weg?« Ja, wieso eigentlich?

🖉 Anreise mit der S-Bahn bis Hirschgarten (S3), dann zu Fuß oder mit dem Rad durch das wunderschöne Erpetal bis zur Heidemühle. Zurück fährt der Bus 108 ab Waldesruh, Humboldtstraße, Richtung Lichtenberg.

KUNST- UND KULTURINITIATIVE SCHÖNEICHE E. V., KULTURGIESSEREI ///
AN DER REIHE 5 /// 15566 SCHÖNEICHE /// 0 30 / 6 49 29 97 ///
WWW.KULTURGIESSEREI.DE ///

Wie so viele besondere Orte entstand auch die Kulturgießerei in Schöneiche durch die beherzte Initiative der Menschen vor Ort. Das war 1994. Regine Hildebrandt persönlich eröffnete damals das Zentrum, das seitdem ein Zuhause für die Kreativität der Menschen vor Ort und aus ganz Deutschland ist. Wie oft haben die Schöneicher schon um das Zentrum gebangt, aber stets blieb es ihnen doch erhalten. Regionale und nationale Künstler wie *Gerhard Schöne, Wenzel* oder der *Langschlenderer* geben hier gerne und regelmäßig Konzerte. Vielleicht, weil sie den Menschen hier so nah sind. Klein ist der Saal mit der Hauptbühne, die Konzerte entsprechend intim. Im Anschluss kann man mit den Künstlern bei einem Kaffee im Raum nebenan plaudern – oder sich ein Autogramm holen, wie unsere Kinder nach dem letzten Gerhard-Schöne-Konzert. Sie kennen seine Lieder nicht? Das sollten Sie dringend nachholen! Neben großartigen Kinderliedern hat er zahlreiche, sehr berührende Stücke für Erwachsene geschrieben. Ich habe Tränen in den Augen, wenn ich seine Musik höre. Sie geht mitten ins Herz!

Das erste Mal besuchte ich die Kulturgießerei vor ein paar Jahren, als eine befreundete Bildhauerin mich in ihr Atelier einlud. Sie ist eine von mehreren Künstlern, die in der alten Gießerei ein kreatives Zuhause gefunden haben. Einmal im Jahr laden sie zum Tag des offenen Ateliers. In der Kulturgießerei bieten sie das ganze Jahr über Workshops und Kurse an. Bei diesem Besuch entdeckte ich das umfangreiche Programm des Zentrums und komme seitdem immer wieder hierher, zu Lesungen, Theater, Tanz, Workshops – und eben Konzerten. Ein absolutes Highlight ist der Weihnachtsmarkt in den Räumen der alten Gießerei. Hier habe ich schon so manches ausgefallene Geschenk gefunden und damit Menschen beglückt. So wie ich diesen Ort immer beglückt verlasse.

✍ Problemlos erreichbar! Vom S-Bahnhof Friedrichshagen fährt die traditionsreiche Schöneicher-Rüdersdorfer Straßenbahn alle 20 Minuten bis fast vor die Tür.

EINE FAHRT IM ORIGINALEN SPREEWALDKAHN IST EIN TOLLER EINSTIEG IN EINEN KINDERGEBURTSTAG. ER MUSS ALLERDINGS VORHER TELEFONISCH ANGEMELDET WERDEN.

KLEINER SPREEWALDPARK / NATURSCHUTZAKTIV SCHÖNEICHE E. V. ///
BERLINER STRASSE 2 /// 15566 SCHÖNEICHE /// 0 30 / 64 90 37 65 ///
WWW.GRUENEWABE.DE/KLEINER-SPREEWALD-PARK/ ///

IN 100 JAHREN VOM HOT SPOT ZUM GEHEIMTIPP

Kleiner Spreewaldpark Schöneiche

42

Um auf einem Kahn durch Kanäle zu schippern, müssen Sie nicht bis in den Spreewald fahren. In Schöneiche bei Berlin hat ein Liebhaber dieser Fortbewegungsart Anfang des 20. Jahrhunderts selbst einen kleinen Spreewald gebaut. Max Mann hatte ein Gasthaus in Schöneiche übernommen, wollte den Betrieb in Schwung bringen. Deswegen legte er die künstlichen Kanäle an. In den 1920er-Jahren war der Kleine Spreewaldpark eines der beliebtesten Ausflugsziele im Berliner Umland. Nach und nach geriet er jedoch in Vergessenheit. Bis sich 1996 örtliche Vereine zusammenschlossen und das Areal um ein Stück Wald und das alte Freibad erweiterten. Nun lädt dieser wundersame Ort, wo Natur und Kunst miteinander verschmelzen, wieder zum Verweilen und Träumen ein. Ein Naturlehrpfad mit Kräutergarten und ein Pfad der Sinne durchziehen das Gelände, Wasser plätschert, Frösche quaken. Zwischendrin stehen Kunstwerke. Des Öfteren habe ich hier Künstler mitten im Grünen an ihren Werken feilen sehen.

Kinder lieben den Naturspielplatz sehr, der sie gleich am Eingang an der Berliner Straße begrüßt. Bestimmt, weil ihn ihresgleichen selbst geplant und gestaltet haben. Mehrfach habe ich hier nach Kindergeburtstagen lange darauf gewartet, dass wir nach Hause gehen konnten. Auch der *Dinomaurier*, eine 120 Meter lange Mauer aus Feldsteinen und Keramik, hat Magnetwirkung auf die Kleinen (und Großen). Sie ist in Sommerwerkstätten von vielen Kinderhänden gestaltet worden. Mich erinnert das Kunstwerk, durch das man gehen kann, an den Park Güell in Barcelona. Bunt und fröhlich.

Der Kleine Spreewaldpark ist ein echter Geheimtipp. Die meisten Menschen, die ihn kennen und besuchen, wohnen nicht weit entfernt. Dabei ist er so viel mehr als ein Park. Das ökologische und soziokulturelle Projekt hat Angebote für Familien, Kindergruppen, Grün- und Ruhesuchende.

✍ Nach einem Tag in der Natur ins Konzert? Schauen Sie doch mal ins Programm der Kulturgießerei Schöneiche (Seite 107). Vielleicht ist ja was los!

BLICK VON DER SCHLEUSENBRÜCKE AUF DEN KALKSEE.
IN WOLTERSDORF GIBT ES VIEL WASSER, EINE STRANDPROMENADE,
EINE LIEBESQUELLE UND DEN AUSSICHTSTURM MIT BLICK BIS BERLIN —
DER IST AUCH IM HERBST UND WINTER WUNDERSCHÖN.

WOLTERSDORF /// 15569 WOLTERSDORF ///
WWW.WOLTERSDORF-SCHLEUSE.DE ///

EIN HAUCH VON HOLLYWOOD
Woltersdorf

»Fahrt doch mal wieder nach Woltersdorf«, sagt meine Schwester Jule. »Wir waren am Wochenende da. Es war so schön!« – Sofort sind Erinnerungen an meine Kindheit geweckt, in der wir oft einen Ausflug nach Woltersdorf unternommen haben. Mit einer alten Straßenbahn ab S-Bahnhof Rahnsdorf zuckelt man gemütlich bis zur Schleuse. Oder man wandert durch den Wald ab S-Bahnhof Wilhelmshagen. Ich erinnere mich an die Liebesquelle, an Eisbecher am Wasser, ans Planschen im Flakensee und das Staunen, wenn die Straße zur Durchfahrt eines Schiffs hochgeklappt wird. Und ich erinnere mich daran, wie wir einen steilen Berg erklommen haben, einem Pfad durch den Wald folgten und dann einen hölzernen Turm bestiegen. Hier gab es Bilder von Filmen wie dem *Tiger von Eschnapur*, der in Woltersdorf gedreht wurde.

Heute ist die Liebesquelle versiegt, nur eine Erinnerungstafel gibt es noch. Der Turm aber existiert nach wie vor und ist immer noch über den inoffiziellen steilen Weg auf den Kranichsberg zu erreichen. Der Woltersdorfer Verschönerungsverein sorgt dafür, dass die Filmgeschichte, die hier geschrieben wurde, nicht in Vergessenheit gerät. Schließlich haben Meisterregisseure wie Fritz Lang hier einst Filme gedreht! Auch die Strandpromenade gibt es noch, auch wenn die Restaurants weniger besucht sind als früher, manche von ihnen öffnen nur sonntags für ein paar Stunden. Wenn ich hier am Wasser spazieren gehe, kann ich mir die ruhmreiche Vergangenheit lebhaft vorstellen. Auf diesem Weg schlenderten auch schon Emil Jannings, Mia May und Hans Albers entlang. Damals, Anfang des 20. Jahrhunderts, machte der kleine Ort kurz hinter der östlichen Stadtgrenze Babelsberg und Hollywood Konkurrenz. Bis heute umweht ihn etwas Magisches. Also: Fahren Sie doch mal (wieder) nach Woltersdorf!

Der Woltersdorfer Aussichtsturm ist an jedem Samstag, Sonntag und Feiertag von 10 bis 16 Uhr geöffnet, in den warmen Monaten auch unter der Woche.

Es ist ein kühler Frühlingsmorgen, aber die ersten Sonnenstrahlen verkünden Wärme für den Tag. Mit der S3 fahren wir bis Erkner und steigen in den Regionalexpress Richtung Frankfurt/Oder. Keine zehn Minuten später erreicht der Zug Hangelsberg. Vom Bahnhof geht es immer geradeaus, bis das Holzhaus unter den hohen Bäumen auftaucht: *Kanusport!* Wir beiden Alleinerziehenden haben je ein Zweierkajak reserviert, die erst mal von Planen und Wasser befreit werden müssen. Die Rucksäcke werden eingeladen – dann stechen wir in See, genauer gesagt in den Fluss. Die Mädchen sitzen vorne, wir Erwachsenen steuern die Boote von hinten.

Als unsere Boote den Biegungen der alten Spree durch die Wiesen folgen, bin ich sehr dankbar für diesen Tag. Es fühlt sich an, als sitze ich im Wasser, so nah, und doch relativ trocken. Bis auf die Spritzer, die die Paddel meiner Tochter hin und wieder auf mich werfen. Wir schwimmen mit dem Strom. Nach einer Weile legen wir am Ufer an und picknicken unter Bäumen. Es vergeht viel Zeit, bis wir die Kajaks wieder ins Wasser schieben. Aber gefühlt haben wir ja schon locker ein Drittel der Strecke zurückgelegt. Weiter geht's! Die Mädchen haben sich inzwischen ihren Büchern und Skizzenheften zugewandt und das Paddeln komplett uns Erwachsenen überlassen. Sie zeichnen Tiere und Bäume mit Schaukeln, die sie am Ufer sehen. Wenige Kilometer flussabwärts machen wir an einem Campingplatz fest und essen Eis. Dort werfe ich einen Blick auf die Karte und stelle zu meinem Entsetzen fest, dass noch nicht einmal die Hälfte der Strecke geschafft ist, aber schon drei Viertel der Zeit verbraucht. Bald macht die Abgabestelle der Boote in Erkner zu! So wird der Rest der Strecke zu einer sportlichen Herausforderung und ich staune, was alles in mir steckt. Im Endspurt über den Dämeritzsee legen wir eine Punktlandung hin.

🖉 *Kanusport* hat Ausleihstationen in Erkner, Hangelsberg und Fürstenwalde. Der *Kanuverleih Sieverslake* bringt Boote zu jedem beliebigen Ort in der Gegend.

**CLIMB UP! — KLETTERWALD STRAUSBERG ///
LANDHAUSSTRASSE 16—18 /// 15344 STRAUSBERG ///
0 30 / 8 10 38 10 10 /// WWW.CLIMBUP.DE ///**

»Na, wollen wir klettern gehen?«, frage ich meine Tochter. »Au ja!«, ruft sie begeistert. Und ich bin es auch, denn es kommt immer seltener vor, dass ich sie für gemeinsame Aktivitäten begeistern kann. Kurze Zeit später sitzen wir in der S-Bahn nach Strausberg. Am Bahnhof gibt es das erste Softeis des Jahres. Genießend schlendern wir durch die Plattenbausiedlung Richtung Kletterwald. Strausberg ist seit Jahrzehnten ein Ort des Militärs. Früher lebten in den Häusern an unserem Wegesrand die Bediensteten der NVA. Dass die heute hier stationierten Bundeswehr-Mitarbeiter die Platten bezogen haben, bezweifle ich. Die vermute ich eher in den Villen am klaren Straussee, ganz in der Nähe.

Nach 20 Minuten Spaziergang erreichen wir den Kletterwald am Rande Strausbergs. Wir werden begrüßt und bekommen Helm, Handschuhe und Geschirr angelegt. Zusammen mit sieben weiteren Gästen weiht man uns in die Geheimnisse des Kletterns ein. Sicherheit wird großgeschrieben, das System dahinter muss man erst einmal verstehen. Auf dem Übungsparcours überzeugen sich die Mitarbeiter davon, dass wir es auch begriffen haben.

Endlich geht es los, hoch hinaus, auf das erste Plateau. Wir haben Spaß daran, über Baumstämme in drei Metern Höhe zu balancieren. Eine wackelige Hängebrücke zu überqueren, die aus Hölzern in großen Abständen besteht, kostet mich etwas Mut. Das großmaschige Netz, an dem wir uns danach entlanghangeln, erfordert den Einsatz diverser Rücken-, Bein- und Armmuskeln. Welche genau, das werde ich am Tag danach ganz deutlich spüren. Heute stürze ich mich einfach ins Abenteuer. Von Parcours zu Parcours werden die Leitern höher, die Aufgaben anspruchsvoller. Riesigen Spaß haben wir bei den Seilbahnfahrten wipfelabwärts am Ende einer jeden Strecke. Nach zweieinhalb Stunden ist unsere Kletterzeit um. Wir sind glücklich, stolz und erschöpft.

✍ Jeder ab 1,30 Meter Körpergröße kann hier klettern. Geöffnet ist von April bis Oktober. Da die Nachfrage groß ist, empfiehlt es sich zu reservieren.

CAMARGUE-PFERDEHOF WESENDAHL /// AM PARK 2 ///
15345 ALTLANDSBERG / WESENDAHL /// 0 33 41 / 31 40 41 ///
WWW.CAMARGUE-PFERDEHOF.DE ///

PFERDEMOMENTE – PERSÖNLICHKEITSTRAINING MIT PFERDEN ///
KATHARINA HAUPT /// 0 30 / 61 20 23 25 /// SEMINARTERMINE UND
ANMELDUNG UNTER WWW.PFERDEMOMENTE.DE ///

ENTSPANNEN MIT PFERDEN
Camargue-Pferdehof in Wesendahl

46

An einem Samstagmorgen sitze ich im Auto Richtung Altlandsberg. Meine unaufgeräumte Wohnung, wartende Auftraggeber und der Patchworkfamilientrubel bleiben zurück. Nur mein ständiger Begleiter, das Gefühl der Unzulänglichkeit, grinst mich vom Beifahrersitz an: »Na, mal wieder nicht alles geschafft?«

Auf dem Camargue-Pferdehof begrüßt Seminarleiterin Katharina Haupt mich und weitere Teilnehmerinnen mit dem Spruch »Faulheit ist die Kunst, sich auszuruhen, bevor man müde ist.« – »Ja, das wäre was«, denke ich – und habe keine Ahnung, wie das geht. Nach ein paar Energieübungen auf der Wiese spüre ich mich und die Umgebung immer deutlicher. Und als ich die frische Luft einatme und die wohlige Wärme der Sonne im Rücken spüre, ist mein Begleiter verschwunden. Ich fühle mich frei!

Wir gehen zu den weißen Pferden. »Pferde sind immer im Moment. Sie denken nicht darüber nach, was war und was wird. Und genau das können wir von ihnen lernen«, erklärt Katharina. »Eure Aufgabe ist es, nur zu beobachten und nichts zu wollen«, sagt sie. Da springt ein Bild direkt in mein Herz: Ein Pferd liegt ausgestreckt inmitten der Herde in der Sonne. Als wir uns nähern, bewegen sich die Ohren kurz in unsere Richtung, dann legen sie sich wieder an. Ein Traktor kommt gefahren und macht einen riesigen Krach. Wieder bewegen sich die Ohren. Wieder bleibt das Pferd entspannt liegen. »Ihm entgeht nichts. Aber es prüft, ob die Dinge, die rundherum geschehen, eine Bedeutung haben. Nur dann tut es auch was«, lerne ich. Es ist eine Offenbarung. An diesem Tag in der Natur nähere ich mich dank der einfühlsamen Begleitung von Katharina den weißen Pferden und dem Pferd in mir Stück für Stück an. Ich entdecke eine Ruhe, die es mir heute erlaubt, ab und zu einfach faul auf der Couch zu liegen, egal welches Chaos rundherum herrscht.

 Die weißen Pferde stammen aus der Camargue, einer Region in Südfrankreich. In Wesendahl werden sie artgerecht gehalten und fühlen sich sichtlich wohl.

BIOHOF IHLOW /// IHLOWER RING 14 /// 15377 OBERBARNIM / IHLOW ///
03 34 37 / 8 97 89 /// WWW.BIOHOF-IHLOW.DE ///

EIN STÜCK VOM GLÜCK
Biohof Ihlow

47

Dieses Stückchen Himmel erreicht man nicht zufällig, deswegen jetzt aufmerksam lesen: Links vorbei am dritten Teich hinter der alten Feldsteinkirche in Ihlow, ganz am Ende der Straße, da befindet sich der kleine Hof mit zwei Ferienwohnungen und einem gemütlichen Café. Von April bis Oktober gibt es hier jedes Wochenende leckere Kuchen, regionale Bioprodukte, kleine Mahlzeiten und guten Kaffee. All das kann man unter Obstbäumen auf Stühlen, Bänken oder in der Hängematte genießen. Und Sie werden nicht die ersten sein, die spontan beschließen, in einer der Ferienwohnungen zu übernachten, weil es hier einfach so schön ist, ruhig und liebevoll. Und wenn ich Ihnen dann noch verrate, dass die Betreiberin Marion Rothschild Klavierlehrerin ist, werden Sie vielleicht sogar eine Woche bleiben und täglich morgens und abends bei ihr Unterricht nehmen, um die Kenntnisse aus Kindheitstagen wieder aufzufrischen. Alles schon passiert!

Ich selbst habe den Hof vor acht Jahren entdeckt, als ich bei einem Besuch in Waldsieversdorf auf der Suche nach Biolebensmitteln war. Einem Flyer folgend suchte und fand ich den Hof. Die Ursprünglichkeit dieses Ortes und der leckere Rhabarbersaft sorgten dafür, dass ich seither immer wieder herkommen muss. Eines Abends erzählte mir Marion Rothschild die Geschichte des Hofes: Bis 1985 lebten hier 19 Alkoholiker, die durch die Mästung von 6.000 Schweinen resozialisiert werden sollten. Eine unglaubliche Vorstellung, fühlt man heute doch den Frieden auf diesem Stückchen Land so stark, dass man ihn fast anfassen kann. 1998 übernahmen Marion und ihr Mann den Hof von einer Wohngemeinschaft. Sie verwandelten ihn in einen der ersten Biohöfe der Gegend. Die Gäste bewirteten sie anfangs in der eigenen Küche. Heute schmeißt Marion den Hof allein. Das Leben auf dem Land teilt sie weiterhin mit allen, die vorbeikommen.

🖋 Vier wunderschöne Kilometer führen auf dem Theodor-Fontane-Wanderweg von Buckow nach Ihlow, durch Buchenwälder, Schonungen und vorbei an der Wurzelfichte.

VON EINEM, DER WEGZOG VOM PRENZLAUER BERG

Antiquariat in der Scheune Ihlow

48

Einst war Berlin-Prenzlauer Berg ein Ort des Aufbruchs, der Kreativität und Vielfalt. Bereits zu DDR-Zeiten war es das Viertel der Unangepassten, bis in die 1990er brodelte der Bezirk vor Leidenschaft, Ideenreichtum und Experimentierfreude. Mit der Jahrtausendwende kamen Menschen mit viel Geld und wollten sich in diese Lebendigkeit einkaufen. Die Mieten stiegen und die, welche die Kiez-Atmosphäre prägten, gingen. Wie der gelernte Zootierpfleger Frank Witte, aus dem nach Wende, Zivildienst und Arbeit mit Behinderten ein Antiquar geworden war. Bis 2006 betrieb er das *Antiquariat am Prater* in der Kastanienallee, nebenan stellten Künstler des Bezirks ihre Werke aus. »Das Publikum änderte sich schlagartig«, sagt Frank Witte, »da hat es einfach keinen Spaß mehr gemacht.« Und so zog er mit seiner Familie und den Büchern mehrfach um und landete schließlich in Ihlow, am nördlichen Rand der Märkischen Schweiz.

Hier, in einer acht Meter hohen Scheune, stapeln und reihen sich seine gesammelten Werke. Vieles stammt aus Nachlässen, man kennt ihn in und um Berlin. Es herrscht ein leicht geordnetes kreatives Chaos, das die einstige Atmosphäre des Prenzlauer Berges spürbar macht. »Viele meiner damaligen Kunden kommen heute hierher«, erzählt Frank Witte, »oder sie rufen an, wenn sie etwas bestimmtes suchen, und fragen mich um Rat.«

In der Mitte der Scheune steht ein Flügel. »Auf dem üben meine Kinder«, sagt der Familienvater. »Und im Sommer veranstalten wir Konzerte.« Bücher und Kunst gehören hier wie einst am Prater noch immer zusammen. Schallplatten sind es heute. Ein alter Musikprofessor aus New York City habe den Laden vor Jahren entdeckt und käme seither jeden Sommer nach Ihlow. Bei Frank Witte sucht und findet er Einspielungen klassischer Musik aus dem Ostblock, die selten und einzigartig sind. So wie der Inhaber.

🕮 Geöffnet ist die Scheune von April bis Oktober, immer sonntags von 12 bis 17 Uhr. Gleich um die Ecke gibt es noch eine Galerie und den Biohof Ihlow.

RUBY LÄSST SICH UNHEIMLICH GERNE KRAULEN

STONECREEK HUSKY PARK /// BIESOWER STRASSE 1 ///
15345 PRÖTZEL /// 03 34 36 / 3 75 92 /// WWW.HUSKYTOUREN.DE ///

49

Eigentlich wollten wir Walter Steinbach nur so einen Besuch abstatten. Meine Tochter liebt Huskys, ist aber noch zu jung für eine Fahrt mit dem Quad oder einem Schlitten. »Das geht erst ab 14 Jahren«, hatte mir Walter Steinbach am Telefon erklärt. »Denn dazu braucht man Kraft und eine gewisse Sicherheit.«

Wir sind also auf einen Tag als Zuschauer eingestellt. Doch als wir ankommen, hält uns der Husky-Liebhaber Geschirr hin. »Hier, zieht das an!«, sagt er freundlich, aber bestimmt. Also tun wir, was er sagt. »Wir machen eine Runde Trekking mit den Hunden«, erklärt er uns. – »Ach, wir gehen spazieren?«, frage ich, während ich versuche, den richtigen Eingang für mein rechtes Bein zu finden. Walter Steinbach grinst. Ja, für einen Spaziergang mit Huskys braucht der Mensch Geschirr! Was mir anfangs theoretisch erst wenig einleuchtet, wird wenig später zur praktischen Gewissheit. Da startet Ruby, der mir zugeteilte Husky, seinen »Spaziergang«. Ich habe natürlich kein Profil an den Schuhen und rutsche fröhlich durch den Matsch. – »Mit dem Körper bremsen!«, hatte Walter Steinbach gesagt. Er meinte natürlich, dass man sich leicht zurücklehnt, nicht dass man ausrutscht.

Die Kraft und der Bewegungsdrang der Huskys sind beeindruckend. Meine Tochter ist hin und weg. Leider ist ihr Begleiter der einzige, der es nicht so eilig hat. Dafür bleibt ihr mehr Zeit mit ihm im Wald. Fleißig übt sie die Kommandos, um die Hunde zum Loslaufen oder Anhalten zu bewegen. Nebenbei plaudere ich mit Walter Steinbach, der hier auf dem abgelegenen Hof mit seinen 48 Hunden lebt. »Angefangen habe ich vor über 30 Jahren«, berichtet er. Er nahm an Hundeschlitten-Rennen teil und schuf sich einen Ort in Schweden, wo er im Winter üben konnte. Immer mehr Freunde wollten ihn besuchen. Da machte der Funk- und Fernsehtechniker sein Hobby zum Beruf.

✍ Kein Schnee? Das Husky-Gespann zieht Sie auch auf Rädern durch das Gelände! Und im Winter lädt Walter Steinbach zum Schlittenfahren nach Schweden ein.

AM SCHERMÜTZELSEE IN BUCKOW INMITTEN DER MÄRKISCHEN
SCHWEIZ KANN MAN AUF, IM UND AM WASSER ENTSPANNEN

WENN NICHT HIER, DANN SINGEN, ERZÄHLEN UND MUSIZIEREN DIE BEIDEN WOANDERS, ZUSAMMEN, ALLEIN, MIT ANDEREN KÜNSTLERN. ODER SCARLETT BAUT WEITER AM HAUS.

SINNESWANDEL /// LIEBENHOF 12 /// 15345 GARZAU-GARZIN / LIEBENHOF /// 03 34 33 / 89 99 30 /// WWW.SCARLETT-O.DE/SINNESWANDEL/ ///

DIE HAUSBÜHNE SINNESWANDEL BEFINDET SICH DIREKT AM RADWEG R1 ZWISCHEN GARZAU-GARZIN UND WALDSIEVERSDORF!

So entspannt bin ich noch zu keinem Konzert gefahren. Als wir den Ort Garzau-Garzin verlassen und auf Liebenhof zusteuern, ist der Mond das einzige Licht weit und breit. Ich bitte Andres anzuhalten, den Motor und die Scheinwerfer auszuschalten und öffne das Fenster. Es riecht frisch und klar. Ich lausche der Natur und genieße Minuten der absoluten Ruhe.

Kurz darauf erreichen wir das Haus am Feldrand, »Sinneswandel« steht auf einem Transparent. Wir finden den Eingang um die Ecke und werden freundlich mit »Du« begrüßt, bekommen Hausschuhe und stehen in der großen Wohnküche – wie bei Freunden. Es sind bestimmt schon zehn andere Leute da. Scarlett O', Künstlerin, Umbauerin und Energiequelle des Hauses, begrüßt uns. Ihr Mann, Jürgen Ehle, einer *der* Gitarristen im Osten der Republik (*Pankow*, *Dresen Prahl Band*), verkauft Cidre und Schmalzbrote. Das Brot hat Scarlett selbst gebacken, das Schmalz ist selbstverständlich vegetarisch. Scarlett und Jürgen leben die Veränderung, die sie in der Welt sehen möchten und von der viele der Lieder handeln, die wir später hören. Mein Freund, der Nicht-Vegetarier, staunt, wie gut das Schmalz schmeckt. Und er ist beeindruckt vom Haus, das immer in Arbeit ist, wie Scarlett unter www.scarlett-baut.de eindrucksvoll dokumentiert.

Als sich alle Gäste eingefunden haben, gehen wir ein paar Stufen hoch zur kleinen Bühne, die im Wohnzimmer aufgebaut ist. Zwischen Bücherregalen stehen Stuhlreihen und ein Verlobungssofa. Wir nehmen Platz, der Raum verdunkelt sich. Und dann legen sie los, die Powerfrau und der ruhige Jürgen Ehle, der mich auf der Bühne mit unheimlich viel Gefühl in Stimme und Gitarrenspiel beeindruckt. Sie singen an diesem Adventsabend von und für Liebe, Frieden und Gerechtigkeit. Ich bin berührt und denke noch lange über diesen Abend nach. Meine Sinne wandeln sich.

✍ Es ist immer was los! Auf Scarletts Website stehen alle Konzerttermine von Scarlett O' und Jürgen Ehle, es gibt CDs und Tickets für die Hausschuhkonzerte.

MUSEUMSBAHN BUCKOWER KLEINBAHN E. V. ///
BAHNHOFSTRASSE 1 /// 15377 BUCKOW /// 03 34 33 / 5 75 78 ///
WWW.BUCKOWER-KLEINBAHN.DE ///

EIN FAHRENDES MUSEUM
Buckower Kleinbahn

51

Die Buckower Kleinbahn ist einzigartig in Brandenburg. Denn ihre Waggons sind sogenannte *Rekowagen*. Sie wurden aus Teilen von Straßen-, S- und Eisenbahnwaggons im Werk in Friedrichsfelde zusammengebaut. Der Rat für gegenseitige Wirtschaftshilfe hatte damals beschlossen, dass in der DDR keine Bahnwaggons hergestellt werden dürfen. Und so blieb den Menschen in diesem Land nichts anderes übrig, als mit dem zu bauen, was es bereits gab. Das Ergebnis kann sich sehen lassen. Für mich als Kind des Ostens vermischen sich in den Waggons Kindheitserinnerungen aus S-Bahnfahrten durch Berlin mit Zugreisen zu meinen Großeltern. Viele kleine Details deuten hier und da auf die Bestandteile hin.

Die Geschichte der Buckower Bahn reicht noch weiter zurück: Bereits 1897 rollte der erste Zug die fünf Kilometer lange Schmalspur von Buckow zur heutigen Station Müncheberg entlang. In den 1920er-Jahren waren die Züge regelmäßig überfüllt. Zu DDR-Zeiten war sie ein beliebtes Verkehrsmittel für Wochenendausflügler. Heute ist es still geworden in und um die Buckower Kleinbahn. Von Ende April bis Anfang Oktober fährt sie jedes Wochenende. Sie verbindet Müncheberg, wo der Regionalexpress aus Berlin hält, mit Buckow, dem Herz der Märkischen Schweiz. Eigentlich ist die Bahn das ideale Ausflugstransportmittel und ich möchte Ihnen eine Fahrt wärmstens ans Herz legen.

Ein kleiner Verein, in dem sich Eisenbahnfans der Region zusammengefunden haben, betreibt die Bahn heute. Liebevoll haben sie im Bahnhof Buckow eine Ausstellung zusammengetragen, in der ich einen alten Fahrkartenknipser entdecke, der einst in Straßenbahnen durch die Hauptstadt fuhr. Für Bahnfans ab zwölf Jahren bietet der Verein einen Lokführerschein an. Aber auch ohne Führerschein lassen die freundlichen Herren einen immer einen Blick in die Fahrerkabine werfen.

✍ Die Bahn hält auch in Waldsieversdorf. Hier kann man das John-Heartfield-Haus besuchen oder eine Runde durch den Däbersee schwimmen (siehe nächste Seite).

VOLKSBAD AM DÄBERSEE /// DAHMSDORFER STRASSE 62 ///
15377 WALDSIEVERSDORF /// 0176 / 24 24 08 92 ///
WWW.WALDSIEVERSDORF.INFO ///

NUR EIN KLEINER SEE IM WALD
Volksbad Waldsieversdorf

52

Ich habe lange überlegt, ob ich diesen Ort aufschreibe. Denn es ist schon ein sehr besonderer Platz, den ich ungern dem Massentourismus unterjubeln möchte. Ich habe mich trotzdem entschieden, ihn mit aufzunehmen. Denn dieser See ist wunderschön – und Sie verraten ihn bestimmt nicht weiter!?

Der Däbersee ist ein kleiner See in Waldsieversdorf, umgeben von Wald. Man kann ihn entspannt durchschwimmen, zu Fuß in weniger als einer Stunde umrunden, auf ihm Ruderboot fahren – und offensichtlich auch wunderbar darin schwimmen lernen. Meine Tochter jedenfalls machte im Volksbad am Däbersee ihre ersten erfolgreichen Schwimmbewegungen im Freien, so wie ihre Mutter, also ich, 25 Jahre zuvor. Dass meine Oma hier ihre letzten Schwimmzüge im Freien machte, macht den Ort noch wichtiger für mich. Seit vier Generationen besuchen wir den See im Sommer. Und wir sind nicht die einzigen. Zu den noch relativ wenigen Besuchern aus der Hauptstadt gesellen sich hier ein paar Urlauber und vor allem Menschen aus der Region. Das Volksbad hat noch immer denselben Charme wie zu meiner Kindheit. Nur Pommes und buntes Tiefkühleis gab es damals natürlich nicht.

Die Eintrittspreise sind human, am Ufer gibt es einen kleinen Sandbereich, in dem die Kleinsten gerne und ausgiebig buddeln. Ein Steg trennt den Nichtschwimmer-Bereich vom tiefen Gewässer ab und ein Sprungturm fordert seit jeher heranwachsende Männer dazu auf, sich zu präsentieren. Schräg gegenüber befindet sich der *Ferienpark am Däbersee*, eine Ferienbungalow-Siedlung, wie sie in der DDR typisch war. Noch heute kann man hier preiswert übernachten. Diese Bungalows gehörten bis 1990 zum DDR-Außenhandelsbetrieb *Intermed*, wo meine Oma arbeitete. Die Mitarbeiter durften hier Urlaub machen, deshalb war ich als Kind so oft in Waldsieversdorf. Und weil es so schön ist, kommen wir immer noch her.

🖎 Reisen Sie am Wochenende mit dem Zug an: mit der Buckower Kleinbahn von Müncheberg nach Waldsieversdorf! Vom Bahnhof sind es nur 350 Meter bis zum Bad.

EIN BLICK VOM SEMINARRAUM INS GRÜNE: DRINNEN IST ES URGEMÜTLICH, DRAUSSEN WARTET DIE NATUR

HABONDIA-HOF /// MÜNCHEHOFER STRASSE 9 /// 15374 DAHMSDORF BEI MÜNCHEBERG /// 03 34 32 / 73 62 99 /// WWW.HABONDIA.DE /// ALLE KURSTERMINE UND WEITERE ANGEBOTE FINDEN SIE AUF DER WEBSITE ///

»Habondia war die Erdgöttin unserer germanischen Vorfahren. In ihrem Namen, mit ihrer Erlaubnis und in großer Dankbarkeit nehme ich von ihren Gaben und gebe einen Teil davon weiter.« Das schreibt Birte Böhnisch auf der Website ihres Hofes und lockt mich so erneut in die Märkische Schweiz. Schon seit Langem sehne ich mich danach, mehr über Wildkräuter und deren Verwendung zu erfahren.

1990 hatte Birte Böhnisch gerade mit dem Studium begonnen und lebte mitten in Berlin, als ein Freund sie einlud, mit ihr im Mauerpark Holunderblüten zu pflücken. »›Holunderblüten, was soll das denn sein?‹, fragte ich mich damals«, erzählt mir Birte bei einer Tasse Tee aus Holunderblüten und Mädesüß, dem Vorläufer des Aspirins, wie ich jetzt weiß. Denn seit diesem Tag im Mauerpark haben die Pflanzen unserer Umgebung Birte Böhnisch nicht mehr losgelassen. Sie saugte alles in sich auf, was sie über Kräuter, Pflanzen und deren Wirkungen fand. »Diese Heilkraft ist so groß, man muss sie eben nur kennen«, sagt die Sozialpädagogin. Ihr Studium schloss sie mit einer Arbeit über die Bräuche und das Heilwissen unserer germanischen Vorfahren ab. So kam sie auch auf das Spinnen und Filzen: »Wenn man sich mit dem Leben in früheren Zeiten befasst, staunt man, was diese Leute alles selbst gemacht haben. Warum sollten wir das heute nicht auch tun?« Und so kann man auf dem Habondia-Hof auch Brote im Holzofen backen und Kerzen ziehen. Mit altem Wissen und Ritualen begleitet Birte Böhnisch zum Beispiel Hochzeiten oder Übergänge wie vom Kind- zum Erwachsensein.

Ob sie einen großen Kräutergarten hat, den ich sehen kann? – »Mein Garten sind die Wälder, Wiesen und Felder«, lächelt Birte. »Im Frühjahr schaue ich, was in diesem Jahr wo wächst. Das sagt viel aus.« Ich freue mich, dass ich Birte Böhnisch gefunden habe. Von ihr möchte ich noch viel lernen.

✍ Erfahren Sie altes Wissen neu – in Workshops zu Heilkräuterkunde, Filzen oder Spinnen! In Kursabenden und Jahresgruppen gibt es tiefere Einblicke.

DAS WERK EINES BIBERPÄRCHENS: DIE ÄSTE SCHLEPPTEN DIE BEIDEN
BIS ZU IHREM MEHRERE HUNDERT METER ENTFERNTEN BAU.
FURCHEN AUF DER WIESE ZEUGEN DAVON.

WILDNISSCHULE WALDSCHRAT /// PRIVATER SANDWEG AB MAX-
SCHMELING-STRASSE (SIEHE ANFAHRTSBESCHREIBUNG WEBSITE) ///
15374 MÜNCHEBERG / HOPPEGARTEN /// 03 34 32 / 75 81 68 ///
WWW.WILDNISSCHULE-WALDSCHRAT.DE ///

WIR SIND NATUR!

Wildnisschule Waldschrat bei Müncheberg

54

Zur Begrüßung werden keine Floskeln ausgetauscht. Stattdessen lenkt Martin Schreiber meine Aufmerksamkeit sofort auf die Umgebung. Und ich stehe erst mal vor einem Rätsel: Ein Vogel ruft bei unserer Ankunft am Waldrand. »Damit warnt er die anderen Waldbewohner«, erklärt der Wildnispädagoge, deswegen nenne man ihn auch die Waldpolizei. Den Namen des Vogels verrät er mir nicht. »Ich gebe Hinweise, um die Neugier zu wecken. Das nennt man *Coyote-Mentoring*«, erklärt Martin. »In der Wildnisschule geht es uns in erster Linie darum, Verbindung zur Natur herzustellen – und nur am Rande um Wissensvermittlung.« Da ich keine Ahnung habe, verrät er mir schließlich doch, dass der Vogel ein Eichelhäher ist.

Martin zeigt mir die Feuerstelle und das Tipi der Wildnisschule, in dem wir Fundsachen wie Tierknochen und Federn bestaunen. »Unsere Methoden basieren auf dem alten Wissen verschiedener Naturvölker«, erklärt Martin. »Wir behandeln unter anderem die Kunst des Spurenlesens, die Vogelsprache, Wildpflanzen, das Feuermachen auf alte Art. Auch die Gemeinschaft spielt in Form von Redekreisen, Ritualen, Liedern und Geschichten eine große Rolle.«

Wir setzen uns auf einen erhöhten Platz im Norden, der Himmelsrichtung des Überblicks, und beginnen mit einem Räucherritual. Der Rauch des Salbeis, die Sonne in meinem Gesicht und das offene Gespräch darüber, wo jeder gerade steht, katapultieren mich mitten ins Hier und Jetzt. Es folgt ein Streifzug über Wiesen und durch den Wald, der meine Wahrnehmung der Natur für immer verändern wird. Furchen am Rand erkenne ich jetzt als Wege der Rehe. Biber haben einen Baum gefällt, ich staune über ihren Bau. Wir finden eine Buntspechtfeder und untersuchen Spuren – war hier ein Wolf unterwegs? Am Ende des Tages spüre ich sie wieder, die Verbindung zur Natur und den Wunsch, ihr nahe zu sein.

✍ Camps für Kinder, Jugendliche und Familien, Wildnistage, Wildnisreisen, Kurse zu Wahrnehmung, Bogenbau oder Medizinpflanzen – worauf haben Sie Lust?

LANDSCHAFTSPARK STEINHÖFEL /// AM SCHLOSSWEG 4 ///
15518 STEINHÖFEL /// WWW.SCHLOSS-STEINHOEFEL.DE ///
WWW.GEMEINDE-STEINHOEFEL.DE ///

MITTAG IM GRÜNEN
Landschaftspark Steinhöfel

55

Es soll die älteste englische Parkanlage in Brandenburg sein, angelegt von Johann August Eyserbeck, der später Hofgärtner von Friedrich Wilhelm II. wurde. Nachgewiesen ist das nicht. Aber das ist auch egal, denn ein Picknick im Grünen anstelle des üblichen Business Lunch – danach steht uns heute der Sinn.

Im Restaurant des Schlosses Steinhöfel, das sich mitten im Landschaftspark befindet, decken wir uns mit einem Picknickkorb ein. Wir spazieren eine Runde durch den Park – über Brücken, vorbei an kleinen Tempeln, Wasserläufen und hohen Bäumen, und lassen uns unter einem großen Baum, auf einer Wiese, direkt am Wasser, nieder. Wir breiten die Picknickdecke und auf ihr eine weiße Tischdecke aus, stellen Teller, Tassen und Weingläser hin. Sandwiches, Kuchen, Obst, Wasser, Kaffee und Wein gesellen sich dazu. Es ist ein schöner Anblick: dieser reich gedeckte »Tisch« auf der grünen Wiese zwischen den ersten bunten Blättern. Bald ist Herbst, das spüre ich und freue mich auf die kommende Jahreszeit. Dann möchte ich noch einmal herkommen, denn die Baumgruppen in diesem Park sind in ihrer Laubfärbung aufeinander abgestimmt. Das muss wunderschön aussehen.

Jetzt liegen wir in der Sonne, essen, trinken und erzählen. Mein Freund holt ein Buch aus der Tasche, und wir lesen uns abwechselnd daraus vor. Ich fühle mich wie in einem Gemälde von Claude Monet mit dem Titel *Frühstück im Grünen*, das ich einst im Pariser *Musée d'Orsay* betrachtet habe. Nur trage ich nicht das passende Kleid und mein Begleiter keinen Vollbart. Und wir sind nur zu zweit. Trotzdem werde ich das Gefühl nicht los, zwei Jahrhunderte in der Zeit zurückgereist zu sein. Wie weit einen ein kleiner Ausflug doch bringen kann!

⛢ Mit dem Rad sind es knapp elf Kilometer vom Bahnhof Fürstenwalde nach Steinhöfel. Am Parkeingang an der Schlossremise gibt es eine E-Bike-Ladestation.

WAKEPARK PETERSDORF /// AM SEE 18 ///
15526 BAD SAAROW / PETERSDORF ///
03 36 31 / 43 90 88 /// WWW.WAKEPARK-PETERSDORF.DE ///

DER TAG, AN DEM ICH COOL WAR

Wakepark Petersdorf

56

Heute ist mein großer Tag! Keine Ahnung, was mich da geritten hat, aber ich habe mich zu einem Anfängerkurs *Wakeboard* angemeldet. Vielleicht weiß ich es doch: Ich wollte schon immer mal cool sein. Als Jugendliche habe ich stundenlang meinen skateboardenden Freunden zugesehen, als Aupair saß ich am Strand und bewunderte die Surfer in Kalifornien und letzten Winter meinen Stiefsohn beim Snowboarden. Nun möchte ich mal bewundert werden.

Pünktlich um 9 Uhr, eigentlich gar nicht meine Zeit, stehe ich mutig im Bikini am Steg in Petersdorf bei Bad Saarow. Neben mir neun weitere unerschrockene Menschen. Wir sehen einen Einführungsfilm. Keine zehn Minuten später kauere ich auf dem Kneeboard, mit dem wir ein Gefühl für die Liftanlage bekommen sollen. Der junge Surfer-Typ, der die Technik bedient, reicht mir ein Seil mit Griff. Jetzt gibt es kein Zurück mehr! Mein Herz rast. Dann ein Ruck … und ich fliege über das Wasser! Das Board bleibt unter mir, ich falle nicht hinein! Ein erhebendes Gefühl. Ich genieße die Fahrt und steuere dann wie gewünscht auf das Bojen-Tor zu. Aber meine Kraft reicht nicht. Ich verpasse das Tor und muss das Seil loslassen, zum Rand schwimmen und mich samt Board wieder zum Steg schleppen. Das Ganze wiederhole ich dreimal. Dann endlich gelingt mir die Tordurchfahrt. Welch eine Freude breitet sich in mir aus, als ich endlich meine erste Runde über den See drehe. Und wie groß ist die Enttäuschung, als ich nach der zweiten Runde abbrechen muss, weil meine Kraft in den Armen einfach nicht ausreicht, um das Seil länger festzuhalten. Nun gut. Next step. Ich wage mich aufs Wakeboard. Sechs Starts lege ich an diesem Morgen hin. Bei dreien fliege ich gleich im hohen Bogen ins Wasser. Aber ich gebe nicht auf. Heute nicht! Beim letzten Start schaffe ich fünf Meter. Cool, was?

🛹 Wakeboarden ist keineswegs nur ein Sommerspaß. Die Saison in Petersdorf startet im Februar! Kurstermine und Öffnungszeiten stehen auf der Website.

DER VERMUTLICH SCHÖNSTE SAUNAPARK IN BERLIN UND BRANDENBURG: HIER TANKT MAN AUF UND FÜHLT SICH RUNDUM WOHL

SATAMA SAUNA RESORT UND SPA /// STRANDSTRASSE 12 /// 15864 WENDISCH RIETZ /// 03 36 79 / 7 58 99 00 /// WWW.SATAMA-SAUNAPARK.DE ///

WEIBER WELLNESS MAL ANDERS

SATAMA Saunapark in Wendisch Rietz

57

Was würden Sie machen, wenn Sie einen Tag Weiber Wellness mit einer Freundin gebucht haben und diese kurzfristig absagt? Klar, eine andere Freundin fragen. Aber die kann auch nicht! »Eine Massage und eine Gesichtsmaske kann doch einem Mann nicht schaden«, sage ich zu meinem Freund. Er kommt mit.

Die Dame im SPA-Bereich ist kurz irritiert, als ich ihr erkläre, dass die Weiber Wellness heute mit einem Mann stattfindet. Dann führt sie uns freundlich in den *Kleinen Orient*, ein Raum nur für uns. Auf dem breiten Sofa trinken wir einen köstlichen orientalischen Tee. Wir werden in den gläsernen Raum mitten im Zimmer gebeten und nehmen auf zwei Steinbänken Platz. Man reicht uns eine Schale mit vier verschiedenen Heilerde-Pasten. Je nach Farbe sind sie für bestimmte Hautpartien bestimmt. Schon sind unsere Körper bunt bemalt. Die Dame schließt die Tür und Dampf füllt den Raum, bis ich nicht mehr die Hand vor den Augen sehen kann. Ich merke, wie meine Poren sich öffnen, die Pflegestoffe in sich aufnehmen und genieße die Wärme. Nachdem alles abgespült ist, fühlt sich meine Haut unheimlich weich an. Es folgt eine Ruhepause mit frischem Obst und einem Glas Sekt, dann legen wir uns auf die beiden Massageliegen. Erst ist der Rücken dran, dann das Gesicht, gefolgt von einer Pflegepackung. Meine Hände und Füße stecken derweil in wärmenden Schuhen. So muss man sich im Himmel fühlen! Das Ergebnis der zweieinhalb Stunden sind eine strahlende Haut und ein Mann, der überlegt, sich eine Gesichtscreme zu kaufen.

Den Rest des Tages genießen wir am Kamin, in Saunen und beim Show-Aufguss: Bei 90 Grad rockt ein Mann im Eisbärenkostüm durch das Saunatheater. Dieses *Well-Tainment*® ist ungewöhnlich. Nach dem Aufguss treten alle ins Freie. Während ich noch grüble, wie ich das finde, staune ich über den Dampf um den Kostümmann. Was für 'ne Kondition!

🪶 Gönnen Sie sich was! Auch für Paare, Mutter und Kind, Schwangere und Jugendliche gibt es tolle SPA-Arrangements. Männer mögen das Banja-Ritual sehr gern.

SCHMIELENSEE /// 15306 FALKENHAGEN (MARK) ///

Als ich Tim und sein hippes Fahrrad im RE1 in Erkner treffe, ist er aufgeregt wie ein kleines Kind. »Was machen wir hier eigentlich?«, fragt er, der gern die Kontrolle hat. »Keine Ahnung«, antworte ich, »mal sehen, wo wir landen.« Wir grinsen beide komisch. Unsicherheit umgibt uns, Angst vor einem erneuten Scheitern. »Nächster Halt: Briesen (Mark)!«, singt der Lautsprecher. Es ist ganz still, als der Zug den Bahnhof verlassen hat. Wir sind fast allein. Nur eine Frau Anfang 50 mit einem pinken, figurbetonten Longshirt über weißen Leggings schleppt Einkaufstüten über die Straße aus DDR-Beton. Auf unseren Rädern überholen wir sie und verlassen den Ort Richtung Norden. In Petershagen folgen wir weiter der Betonstraße.

Nach knapp zwei Kilometern biegen wir links in den Wald ein, fahren über Stock und Stein, um Kurven. Dann ist er plötzlich da: unser Platz! Wir wissen es beide sofort. Ein Steg führt durch dichtes Schilf auf eine Plattform mit Platz für zwei große Handtücher. Das Wasser ist klar. Rundherum ist Wald und keine Menschenseele zu sehen. Tim ist begeistert. Er zieht sich aus und springt in den See, ich hinterher. Auf diesem kleinen Steg am Schmielensee streiten wir uns nicht. Wir liegen in der Sonne, beobachten Schwäne, träumen vor uns hin. Wir baden und trocknen wieder und baden und trocknen. Ein paar Geräusche von Badenden sind fern. Wir bleiben zusammen. Wir bleiben allein.

Erst als die Sonne beginnt unterzugehen, verlassen wir den Steg. Auf der Betonstraße blicken wir lange rückwärts in die rote Abendsonne, die langsam hinter dem Feld im Wald verschwindet. Die laue Abendluft streichelt mich sanft, als mein Rad einen Hügel hinabrollt. Ich bin glücklich und traurig. Bei Anbruch der Dunkelheit erreichen wir Briesen. Es war unser letzter gemeinsamer Ausflug.

🗍 Mit Zug und Rad: RE1 Richtung Frankfurt/Oder bis Briesen (Mark). Dann immer Richtung Norden. In Petershagen der Betonstraße folgen, dann links in den Wald.

IN DER DÖBERITZER HEIDE LÄSST ES SICH WUNDERBAR SPAZIEREN GEHEN UND RAD FAHREN

JWD IM WESTEN

VON TIEREN, COWORKING
UND SPAZIERENGEHEN

VORNE IM BILD, DAS SIND GRIT UND PEDRO. PEDRO IST DER AUFPASSER DER HERDE. ER IST UNS WÄHREND DES BESUCHS NICHT VON DER SEITE GEWICHEN. HINTER PEDRO GUCKT RONJA HERVOR, DAS FOHLEN VOM SOMMER 2014.

1. ALPAKA FARM IM HAVELLAND /// LANDWEG 28 /// 14641 NAUEN / BÖRNICKE /// 01 78 / 3 71 86 08 /// WWW.HVL-ALPAKA.DE ///

EINMAL KUSCHELN BITTE
Alpaka Farm in Börnicke

Nora und Joachim Kuntzagk lieben Tiere. Nora pflegte und züchtete 47 Jahre lang im Tierpark Berlin sechs Kamelarten, darunter Lamas und Alpakas. Einst lebte das Ehepaar in Friedrichshagen, im Südosten Berlins. Eines Tages wünschte sich Nora ein Haustier, natürlich am liebsten ein Kamel. Es dauerte nicht lange und ihr Mann ließ sich breitschlagen. Zum Geburtstag schenkte er seiner Frau ein Alpaka, das sie bei ihrem Arbeitgeber in Friedrichsfelde kauften. Was Joachim nicht wusste, war, dass die Alpaka-Stute tragend war. Und so wurden aus einem schnell zwei. Ein drittes kam ein Jahr später zur Welt und der Platz im Garten am Rande Berlins wurde eng. Deswegen zog die Familie 1998 ins Havelland. Mit dem Einzug eines Hengstes wurde ein Jahr später die *1. Alpaka Farm im Havelland* gegründet. »Unsere Alpakas halten wir zur Wollgewinnung, für die Tiertherapie und einfach zur Freude. Gern dürfen die Tiere von Ihnen gestreichelt und gefüttert werden, wenn wir dabei sind«, schreibt das Ehepaar auf der Website. Und so ist es.

An einem sonnigen Wintertag besuchen wir Familie Kuntzagk. Joachim führt uns zuerst zu Caral, einem weißen Alpaka mit sehr treuen, neugierigen Augen. »Das ist unser Star«, sagt er. Mich beeindruckt weniger seine TV-Karriere als vielmehr die Geschichte mit der Frau, die er im Altersheim besuchte. Sie war seit Monaten bettlägerig und konnte einfach nicht sterben. Caral senkte seinen Kopf an ihren und kuschelte mit ihr. Am nächsten Tag durfte die alte Dame endlich gehen. Auch wir dürfen mit Caral kuscheln. Anschließend zeigt Herr Kuntzagk uns Lockentauben und ein chinesisches Seidenhuhn. Als seine Frau Nora dazukommt, gehen wir zusammen auf die Weide, wo die anderen Alpakas, wie Ornella, Pedro und Franzi, leben. Neugierig umringen uns die Tiere und verschaffen uns viele glückliche Momente im Sonnenschein.

☏ Vereinbaren Sie telefonisch einen Termin! Der Besuch auf der Farm kostet nichts. Aber über eine Futterspende freuen sich Tiere und Besitzer sehr.

STILLE PAULINE /// START: BAHNHOF PAULINENAUE ///
14641 PAULINENAUE ///
UNTER WWW.STILLEPAULINE.DE/2013/05/15/RADWEG-STILLE-PAULINE/
GIBT ES EINEN FLYER DER GEMEINDE FEHRBELLIN ZUM DOWNLOAD ///

Ob mit Fahrrad oder Rollschuhen – diese stillgelegte Eisenbahnstrecke ist ein Traum! Los geht es in Paulinenaue, wo der RE2 aus Berlin hält. Vom Ostbahnhof dauert die Fahrt eine knappe Stunde – schon stehen wir vor dem klassizistischen Bahnhofsgebäude. Hier fuhren von 1880 bis 1970 die Züge nach Neuruppin ab. Mit dem Rad sind heute zwei Endpunkte möglich – Wustrau oder Neuruppin, ganz wie Sie möchten.

Das Befahren der Strecke ist ein Vergnügen. Keine Autos weit und breit, stattdessen weite Blicke ins Land. Auf dem 2,5 Meter breiten Asphaltstreifen rollt es sich fast von selbst und wahrscheinlich nur unwesentlich langsamer als mit den Personenzügen des 19. Jahrhunderts, die einst durch das Havelländer Luch dampften. 5,8 Kilometer sind es nach Lobeofsund, vorbei am restaurierten Bahnhofsgebäude. Hier wurde der Radweg 2011 feierlich eröffnet und gleich zum Radweg des Jahres gekürt. Nach weiteren gut vier Kilometern erreichen wir Karwesee, rasten und stimmen über die folgende Strecke ab. Die Entscheidung fällt für die Richtung Fehrbellin. Denn an der Siegessäule in Hakenberg, die auf dem Weg nach Wustrau liegt, waren wir unlängst (Seite 23). Und außerdem haben wir Lust auf Würzfleisch.

Was, Sie sind aus dem Westen und kennen das nicht? Wie auch! Es ist ja eine der Spezialitäten der DDR-Gastronomie. Und obwohl das Gebäude des Bahnhofs Fehrbellin nach neuestem Stand restauriert ist, gibt es hier doch altbewährtes Essen wie eben dieses Würzfleisch: Hähnchenfleisch, oft mit Pilzen, in cremiger Soße, mit Käse überbacken. Dazu in der Regel eine Scheibe Toast und Worcestersauce. Genau das Richtige für den fleißigen Radfahrer – sofern er kein Vegetarier ist. Aber auch für diese hält die gemütliche Bahnhofsgastronomie in Fehrbellin einiges bereit. Gestärkt fahren wir die letzten 12,4 Kilometer bis Neuruppin.

✍ Lust auf weitere stillgelegte Bahnstrecken? Dr. Achim Bartoschek aus Leverkusen kennt sie alle und teilt sein Wissen auf www.bahntrassenradeln.de.

DIE STRASSE ZWISCHEN HAAGE UND SENZKE (K6313) GEHÖRT
ZUR GEMEINDE MÜHLENBERGE. SIE VERLÄUFT FAST PARALLEL ZUR B5,
UNGEFÄHR IN DER MITTE ZWISCHEN RIBBECK UND FRIESACK.

APFELBAUMALLEE /// K6313 ZWISCHEN HAAGE UND SENZKE ///
14662 MÜHLENBERGE ///

WIR LEBEN IM SCHLARAFFENLAND!

Apfelbaumallee zwischen Haage und Senzke

61

Wer hin und wieder durch das Berliner Umland fährt, kennt sie sicher: die unzähligen Alleen, an deren Bäumen Äpfel, Birnen, Kirschen, Pflaumen, Nüsse und Quitten gedeihen. Oft habe ich die kostbaren Früchte auf dem Boden einfach verfaulen sehen. Weil niemand sie erntet und zu Saft, Kuchen oder Mus verarbeitet.

»Zwischen Haage und Senzke werden entlang des Straßenverlaufs 64 Apfelbäume der Sorte Kaiser Wilhelm gesetzt – als Ersatz und Ausgleich«, verkündete der Landkreis Havelland im November 2007 in einer Pressemitteilung. »Die Obstbaumallee prägte das Landschaftsbild dort seit Jahrzehnten, und das soll auch weiterhin so sein.« – Heute, knapp zehn Jahre später, ist die Straße im Havelland nahe der B5 eine der beliebtesten Adressen für Mundräuber: Menschen, die sich für die Nutzung und Pflege gemeinschaftlichen Eigentums, unter Wirtschaftswissenschaftlern *Allmende* genannt, stark machen. 2009 gründeten junge Leute die kostenlose Online-Plattform www.mundraub.org, um die gemeinschaftliche Nutzung und Pflege der Schätze in unserer Umgebung zu organisieren. Mehr als 20.000 Fundorte frei zugänglicher Nutzpflanzen sind auf der interaktiven Karte der Plattform inzwischen verzeichnet. Allein in der Region Berlin-Brandenburg sind es mehr als 3.000. Von Apfelbäumen, wie denen zwischen Haage und Senzke, über Hagebutten, Heidelbeeren, Minze und Sauerampfer, bis hin zu Walnüssen und Zwetschgen ist fast alles dabei, was unsere Umgebung an wildwachsender pflanzlicher Nahrung zu bieten hat. Bei einem Blick auf die Karte wundere ich mich jedes Mal, warum ich so viel in Supermärkten kaufe und nehme mir vor, in diesem Jahr ernten zu gehen.

Wenn Sie also im Spätsommer Lust auf einen Apfelkuchen verspüren, warum fahren Sie nicht zum nächstgelegenen Apfelbaum anstatt zum Supermarkt und ernten selbst? Rettet die Brandenburger Früchte!

Nehmen und Geben – über die Plattform www.mundraub.org verabreden sich Menschen zum Baumschnitt oder zu gemeinsamen Ernte-Aktionen. Jeder kann mitmachen.

EIN GEMÜTLICHES RESTAURANT, DAS SICH NACH UND NACH ALS EIN KLEINER TEIL EINES GROSSEN GANZEN ENTPUPPT: EIN KRAFTORT FÜR ALLE ALTERSGRUPPEN.

ALTE BRENNEREI / GUTSHAUS LIEPE /// BREITE STRASSE 41 /// 14715 NENNHAUSEN / LIEPE /// 03 38 76 / 29 97 91 /// WWW.GUTSHAUSLIEPE-METATRON.DE ///

KAFFEE INMITTEN GROSSER HEILKRAFT
Alte Brennerei Liepe

62

Ein saniertes Gebäude auf der linken Straßenseite erregt unsere Aufmerksamkeit. Es ist Kaffeezeit, also drehen wir um, parken und betreten das in der Abendsonne rötlich schimmernde Gebäude, an dem »Alte Brennerei« steht.

Ein junger Mann begrüßt uns freundlich, wir nehmen auf Ledersesseln Platz. »Was ist das für ein Ort?«, geht es mir ständig durch den Kopf, und ich frage nach. – »Das Restaurant gehört zum Gutshaus Liepe«, erklärt der Kellner, »hier leben viele Menschen.« – »So eine Art Lebensgemeinschaft?«, frage ich. – »Ja, es ist ein Gesundheitszentrum. Es gibt hier viele Heilpraktiker«, fährt er fort, »und Menschen, denen sie helfen oder geholfen haben.« – »Leben Sie auch hier?«, frage ich etwas indiskret. – »Ja«, sagt er offen, und erzählt, wie er nach einer von Gewalt geprägten Kindheit während des Studiums in Berlin immer tiefer in den Abgrund aus Partys, Drogen und Gewalt gerutscht war. Bis er eines Tages wusste, dass etwas passieren muss. Er hatte irgendwo vom Gutshof Liepe gehört und kam für eine Anamnese. »Die Menschen und der Ort haben mich berührt und nicht mehr losgelassen«, sagt er. Er zog her und änderte sein Leben radikal. Dass dieser Mann einst mit Gewalt zu tun hatte, ist kaum vorstellbar. Er strahlt heute nichts als Frieden aus. Seit zwei Jahren lebt und arbeitet er nun hier, macht gerade eine Ausbildung zum Heilpraktiker. »Ich denke, mit meiner Geschichte kann ich vielleicht jungen Menschen helfen, die Ähnliches erlebt haben«, erklärt er. Ich bin überzeugt, dass er das kann – und sehr bewegt. Als er dann noch freudestrahlend von der kleinen Familie erzählt, die er inzwischen hier gegründet hat, stehen mir fast die Tränen in den Augen.

Meine Tochter ist inzwischen erst im kleinen Laden *Rumpelfilzchen* und dann draußen in der hölzernen Slawenburg verschwunden. Sie ist auch begeistert von dem Ort.

✱ Kinder lieben die Tiere, den Spielplatz und die Slawenburg auf dem Hof. Im Sommer können die Eltern währenddessen Speisen und Getränke im Garten genießen.

RIBBÄCKER /// AM BIRNBAUM 5 /// 14641 NAUEN / RIBBECK /// 01 72 / 7 70 80 56 /// WWW.RIBBAECKER.DE ///

FLAMMKUCHEN UNTERM BIRNBAUM
Der Ribbäcker in Ribbeck

63

Wir sitzen im Regionalexpress westwärts. Die Kinder haben keine Ahnung, wohin wir ausfliegen. »Herr von Ribbeck auf Ribbeck im Havelland, / Ein Birnbaum in seinem Garten stand«, fange ich an. Sechs Augen blicken mich gespannt an. Ich lese Theodor Fontanes Gedicht weiter: »Und kam die goldene Herbsteszeit / Und die Birnen leuchteten weit und breit, / Da stopfte, wenn's Mittag vom Turme scholl, / Der von Ribbeck sich beide Taschen voll.«

»Wir fahren nach Ribbeck!«, ruft meine Tochter. – »Genau«, antworte ich, »dahin, wo einst dieser freundliche Herr armen Kindern Birnen schenkte.« Die Kinder freuen sich. »Wer möchte denn in Ribbeck Eis essen?«, frage ich. – »Ich!«, ruft es dreistimmig. – »Gut, wer die erste Strophe des Gedichts auswendig kann, bekommt zwei Kugeln Eis.« Die Großen machen sich nach kurzem Stöhnen sofort ans Werk, die Kleine lernt die ersten zwei Zeilen.

Aber wer hätte gedacht, dass sich das dermaßen lohnt? In Ribbeck am Dorfanger entdecken wir den *Ribbäcker*, ein uriges Café, das von einem jungen Mann betrieben wird, der aussieht wie ein Sänger einer Heavy-Metal-Band. Björn Dreidax ist zwei Dörfer weiter aufgewachsen. Er serviert uns nicht nur Birneneis, sondern auch Birnensaft und Crêpes mit Birnen und Schokolade.

Gestärkt stapfen wir zum Barfußpfad, der wenige hundert Meter weiter beginnt. Als uns auf dem Rückweg ein Gewitter erwischt, wissen wir alle fünf sofort, wohin wir flüchten: zum *Ribbäcker*! Und so probieren wir auch noch die leckeren Flammkuchen in der alten Pfarrscheune. Dazu gibt es für die Erwachsenen Havelwasser: Birnensaft mit Weißwein. Der Laden ist voll Ausflügler an diesem Sommertag. »Im Winter sind die Einheimischen fast unter sich«, erzählt der Wirt. »Dann machen wir hier Musik und Whiskey-Verkostungen.« Spätestens dann kommen wir wieder. Ohne Kinder, versteht sich.

✍ Direkt neben dem Café ist das *Theater der Frische*. Zwei Schauspieler starten hier jeden Samstag und Sonntag um 14 Uhr szenische Führungen durch Ribbeck.

WER NOCH MEHR BARFUSS LAUFEN MÖCHTE, FINDET AUF
WIKIBOOKS TOUREN MIT AUSFÜHRLICHER BESCHREIBUNG DER BÖDEN:
DE.WIKIBOOKS.ORG/WIKI/BARFUSSWANDERN:_BRANDENBURG ///

BARFUSSPFAD RIBBECK /// START IM DORFKERN (DER BARFUSSPFAD IST
AUSGESCHILDERT) /// 14641 RIBBECK /// 03 32 37 / 8 88 91 ///
WWW.MARIENHOF-RIBBECK.DE ///

DIE ERDE, DIE UNS TRÄGT

Barfußpfad Ribbeck

64

Ein lautes Quieken schallt durch die Bäume. Die Kinder haben soeben die erste Matschgrube des Barfußpfades Ribbeck betreten und jauchzen vor Freude. Ich tue es ihnen nach. Was für ein herrliches Gefühl das ist, sich mal so richtig einzumatschen. Weich fühlt es sich an. Und wohlig aufgehoben. Ich denke an meinen Großvater, der mir mal erzählte, dass er als Kind im ersten warmen Sonnenschein des Frühjahrs seine einzigen, schweren Schuhe auszog und fortan bis in den Herbst nur noch barfuß lief. Hier und jetzt verstehe ich, warum er damit kein Problem hatte und bin ein wenig traurig darüber, dass es in der Stadt so viel Müll und Hundehaufen gibt. Barfußlaufen fühlt sich einfach großartig an. Und ist dabei noch so gesund! Ich beschließe, wann immer es geht, nun ohne Schuhe durchs Leben zu gehen. Da ruft meine Tochter: »Mama, wo bleibst du?«, und holt mich zurück ins Hier und Jetzt.

Weiter geht es über Stock und Stein, Gras und Rinde. Dann kommen Pflastersteine, Äste, alte Traktorreifen und Balancierstrecken. Und zwischendurch immer wieder dieser wunderbare Boden unter meinen Füßen. Ich fühle die Erde, die mich trägt, und das Gras, das meine Füße streichelt. Als wir gerade den Holztisch der Picknickstelle erreicht haben, erwischt uns ein kleiner Schauer, und wir machen es uns unterm Schirm mit Brötchen und Gurke gemütlich, während der Regen unsere Füße abspült. Kurz darauf ist der Schauer vorbei, und unsere drei Abenteurer sind sofort wieder unterwegs. Wir sammeln die Habseligkeiten zusammen und folgen ihnen. Am Ende der zweieinhalb Kilometer langen Strecke erreichen wir den *Kinderbauernhof Marienhof*. Ich würde am liebsten gleich nochmal zurücklaufen. Wir spülen unsere Füße im dafür vorgesehenen Brunnen ab und ziehen unsere Socken und Schuhe wieder an. Meine Füße fühlen sich frisch an – und irgendwie auch eingeengt.

Der *Kinderbauernhof Marienhof* betreibt den Barfußpfad und freut sich über eine Spende und Ihren Besuch. Im Sommer gibt es hier auch ein Maislabyrinth.

Historisches Fußbad

Um den Athleten einen bequemen und oberirdischen Zugang vom Sportplatz in die Schwimmhalle zu ermöglichen und um zu verhindern, dass Sand in die Schwimmhalle getragen wurde, ließen die Architekten dieses Fußbad an. Die Sportler wuschen sich so die Füße, bevor sie die Schwimmhalle betraten.

Das Betreten des Fußbades am heutigen Tag geschieht auf eigene Gefahr.

OLYMPISCHES DORF VON 1936 /// ROSA-LUXEMBURG-ALLEE 70 ///
14641 WUSTERMARK / ELSTAL /// 03 30 94 / 70 05 65 ///
WWW.DKB-STIFTUNG.DE/DAS_OLYMPISCHE_DORF_VON_1936.32.HTM ///

»Als Westberliner Kind fuhr ich mit meinem Vater oft auf dieser Straße nach Hamburg«, erzählt mir mein Freund Christian, als wir Spandau auf der B5 verlassen. »Er sagte, dass sich 1936 hier ganz in der Nähe die besten Sportler der Welt aufhielten. Aber wir durften die Straße nicht verlassen.« Christian war schon als Kind sportbegeistert und noch heute, mit Ende 50, glänzen seine Augen, als wir das Gelände des Olympischen Dorfes betreten. »Es ist ein Glück für mich, dass ich diesen Ort heute besuchen kann«, gesteht er. Zu DDR-Zeiten hatten die Sowjets das Gelände in Besitz genommen, seit 2004 gehört es der DKB-Stiftung. Bis auf ein paar Schilder und die Unterkunft der USA ist alles in dem Zustand, in dem es die Sowjetische Armee verlassen hat. Die Zeit ist stehen geblieben hier in Elstal bei Wustermark. Es knistert nur so von Geschichte und Geschichten.

Christian führt mich über den Sportplatz. »Hier haben sie trainiert«, ruft er begeistert, »auch Jesse Owens, kennst du den?« Naja, ich weiß, dass es *der* Star-Athlet der Spiele war, mehrfacher Olympiasieger. Doch wie sehr die Spiele 1936 mit dem Wahnsinn des Nationalsozialismus verbunden waren, kann ich richtig fühlen, als wir die Baracke der Vereinigten Staaten betreten. Rund um das Zimmer, in dem Jesse Owens schlief, erzählen Zeitungsartikel, geheime Dokumente, Fotos und Karikaturen die ganze Geschichte, wie ein afroamerikanischer Athlet die Rassenhass-Propaganda ad absurdum führte und gleichzeitig genau dafür benutzt wurde. Als wir unseren Rundgang fortsetzen, erlebe ich ein Wechselbad der Gefühle – zwischen Begeisterung für die Spiele und Entsetzen über den nationalsozialistischen Wahn.

Es ist ein guter Ort zum Nachdenken und Nachfühlen. Und er ist ideal, um mit Kindern über das dunkelste Kapitel deutscher Geschichte ins Gespräch zu kommen.

✐ Eintritt 2,50 Euro, mit Führung sechs Euro. Kinder bis zwölf sind frei. Geöffnet ist von April bis Oktober, die Zeiten der Führungen stehen online.

DER AUSSICHTSTURM AM FINKENBERG INMITTEN DER DÖBERITZER HEIDE IST NUR ZU FUSS ODER MIT DEM RAD ERREICHBAR. VON DORT OBEN KÖNNEN SIE DIE WILDNISKERNZONE ÜBERBLICKEN — UND SOGAR DEN FERNSEHTURM SEHEN.

**DÖBERITZER HEIDE /// 14624 DALLGOW-DÖBERITZ ///
WWW.DOEBERITZERHEIDE.DE ///**

DAS ANTHROPOZÄN LÄSST GRÜSSEN
Döberitzer Heide

Was, Sie kennen den Begriff »Anthropozän« noch nicht? Naja, es wird derzeit auch erst geprüft, ob er zukünftig in Schulbüchern die derzeitige geologische Epoche beschreibt, das Zeitalter des Menschen. Denn der Mensch hat die Erde, wie wir sie heute kennen, maßgeblich geprägt. Was das bedeutet, erfahren Sie zum Beispiel in der Döberitzer Heide.

Die Döberitzer Heide war fast 100 Jahre lang militärisches Übungsgebiet, vom Heer des Kaisers 1895 bis zum Abzug der Sowjetischen Truppen Anfang der 1990er-Jahre. Die dauerhaften militärischen Übungen haben dafür gesorgt, dass hier kein Wald wachsen konnte. Stattdessen ist die Landschaft geprägt von Sandflächen und Dünen. Das ist sehr ungewöhnlich für diese Region, zumindest in den letzten 20.000 Jahren. In dieser einzigartigen Landschaftsform sind viele seltene Tier- und Pflanzenarten beheimatet, wie Fischotter und Seeadler, Sumpfknabenkraut, Sonnentau oder Lungenenzian. Einen Einblick in die Vielfalt dieses Lebensraumes gibt das Naturschutzzentrum am westlichen Ende der Döberitzer Heide, am besten aber eine Wanderung durch das Gebiet.

Seit 1987 sind Naturschützer in dem Gebiet unterwegs, die sich 1992 zum *Naturschutz-Förderverein »Döberitzer Heide« e. V.* zusammengeschlossen haben. Sie siedelten Galloway-Rinder und Heidschnucken an, um die entstandene Heidelandschaft zu erhalten. 2004 kaufte die *Heinz Sielmann Stiftung* (ja, das war der berühmte Tierfilmer!) das 3,6 Hektar große Gebiet und sicherte so den Artenschutz. 2010 wurden Wisente, Przewalski-Pferde und Rotwild im Zentrum der Döberitzer Heide ausgesetzt, das zur sogenannten Wildniskernzone wurde. 55 Kilometer Wanderwege umgeben sie. Betreten darf man die Kernzone nicht. Vom 15 Meter hohen Aussichtsturm am Finkenberg haben Sie einen wundervollen Blick über das Gebiet – und in die Wildniskernzone.

Starten Sie Ihre Tour doch abseits der Besucherströme: in Seeburg, am östlichen Eingang. Von hier aus sind es rund fünf Kilometer bis zum Aussichtsturm.

INSEL WERDER /// ZUGANG ÜBER DIE BRÜCKE UNTER DEN LINDEN ///
14542 WERDER (HAVEL) ///

Oft plagt mich das Fernweh. Und nur sehr selten gelingt es mir, dieser Sehnsucht nachzukommen. Wie gut, dass es da die Insel in Werder an der Havel gibt! Wenn ich hier durch die Gässchen schlendere, fühle ich mich wie in Südfrankreich. Erst recht, wenn ich Freunde dabei habe, die zehn Jahre lang in Toulouse lebten und das Lebensgefühl von dort mitgebracht haben. Dann bummeln wir gemeinsam durch die schmalen Straßen und kehren hier und da ein – zu einem Stück frisch geräuchertem Fisch, direkt am Wasser, später zu einem Kaffee (und meistens auch Kuchen), dann zu einem Glas Wein … und so vergeht der Tag schlendernd, genießend, ganz weit weg, fernab des Alltags.

Wie der Name schon sagt, ist »Werder« ein »vom Wasser umflossenes Land«. Die Insel gehört zur gleichnamigen Stadt und liegt inmitten der an dieser Stelle bis zu 1.400 Meter breiten Havel. Sie bildet den historischen Stadtteil mit einer pittoresken Altstadt, einer Mühle und einem Obstbaumuseum. Werderaner Früchte sind berühmt, zum Baumblütenfest pilgern jährlich tausende Menschen nach Werder.

Hier auf der Insel gibt es etwas, das ich sonst noch nirgends gesehen habe. Ich nenne es die Ausguck-Bungalows. Wenn Sie die Insel am Ufer umrunden, können Sie diese nicht verfehlen. Sie säumen die Uferpromenade landeinwärts. Es handelt sich um einfach gebaute, kleine Häuschen mit einer durchgehenden Fensterfront zum Ufer – sie liegt genau so hoch, dass man über die Köpfe der Passanten hinwegsehen kann. Der Innenraum ist meist nur mit einem großen Tisch, Stühlen und einem Regal ausgestattet, soweit ich das von außen sehen kann. Hier trifft sich dann der Familien- und Freundeskreis zum Nachmittagstee und genießt den Blick aufs Wasser. Dank des Daches über dem Kopf, und vermutlich auch einer Heizung, genießen die Menschen in den Ausguck-Bungalows den Blick zu jeder Jahreszeit.

🐟 Großartig schmeckt das Essen im *Hotel am Markt* in der Baderstraße 19. Im restaurierten Steinhaus können Sie bei saisonaler Küche Kunst bestaunen.

DAS BERLINER UMLAND SCHMECKT SÜSS UND SAFTIG:
MIRABELLEN, ÄPFEL, BIRNEN, PFLAUMEN UND HEIDELBEEREN
WARTEN NUR DARAUF, EINGESAMMELT ZU WERDEN. MEISTENS
LEIDER VERGEBLICH, WIE HIER BEI GÖTZ.

FONTANE KLAUSE /// ZELTERSTRASSE 2 /// 14542 WERDER (HAVEL) / PETZOW /// 0 33 27 / 4 23 44 /// WWW.FONTANE-KLAUSE.DE ///

WILD GENIESSEN
Fontane Klause Petzow

68

Die Brandenburger Küche ist nicht gerade berühmt. Was sie kann, das ist Wild aus den Wäldern und Fisch aus den Gewässern. Wohlschmeckende, ganz bodenständige Wildgerichte habe ich in der Fontane Klause in Petzow gegessen. Das Wildgulasch hat geschmeckt wie bei meiner Oma. Und das will was heißen!

Andreas Niebisch, der das Restaurant in dritter Generation führt, setzt sich zu uns an den Tisch. »Früher war die Fontane Klause eine HO-Gaststätte«, erzählt er. »Meine Oma war damals die Leiterin des Restaurants. Als die Wende kam und der Laden zum Verkauf stand, hat sie zugeschlagen.« Seither führt die Familie Niebisch das Lokal. Sie sind Einheimische. Niebischs Großvater unterstützte seine Frau schon vor der Wende und ließ die massiven Tische und bunten Fenster anfertigen, die die Gaststätte bis heute prägen. Die alten Kachelöfen laufen mit Öl statt mit Holz, aber gemütlich ist es trotzdem. »Jemütlich«, wie der Berliner sagt. Der Chef kocht, seine Frau macht den Service. Der Vater, der vor ihm das Restaurant führte, jagt heute in den umliegenden Wäldern das Wild, das täglich frisch auf den Tisch kommt. Ein Familienbetrieb wie er im Buche steht. »Und die nächste Generation steht schon in den Startlöchern«, grinst Andreas Niebisch und zeigt stolz ein Foto seines sechsjährigen Sohnes.

Ein paar Jahre lang sei es nicht so gut gelaufen, berichtet der Chef. Es gäbe zwar viele Stammgäste, aber die allein ernähren die Familie nicht. »Aber seit Wild auf der Karte steht, kommen viele Berliner hierher zum Essen«, freut er sich. Wie auf Kommando geht da die Tür auf und fünf Jäger mit Gewehren über der Schulter marschieren an den reservierten Tisch in der Ecke. Mein tierliebes Herz, das mir regelmäßig einen vegetarischen Lebensstil nahelegt, klopft schneller. Aber hier gehört Wildgulasch irgendwie hin.

🐾 In Petzow gibt es einen Lenné-Park direkt am Wasser. Hier legt auch die Weiße Flotte an, mit der man das Dorf von Potsdam aus über das Wasser erreicht.

COCONAT /// BERGSTRASSE 1 /// 14550 GROSS KREUTZ /
HAVEL GÖTZER BERGE /// 01 77 / 8 98 12 05 ///
WWW.COCONAT-SPACE.COM/DE ///

COMMUNITY AND CONCENTRATED WORK IN NATURE

Coconat in Götzer Berge

69

Eintöniges Bürohaus war gestern! Heute sitze ich an einem 80er-Jahre DDR-Schreibtisch am Fenster mit goldenem Rahmen. Mein Blick schweift über den Balkon durch dicht bewachsene Bäume über die Bergstraße hinweg. Am Tisch links neben mir sitzt ein junger Mann mit Laptop, rechts im Raum haben drei Leute die Tische zusammengeschoben und tippen ebenfalls in ihre Notebooks. Ganz links in der Ecke steht ein Besprechungstisch mit vier Stühlen, auch original DDR-Schick. Bis auf das Zwitschern der Vögel und das leise Klicken der Tasten ist es ganz ruhig hier. Zum ersten Mal seit Tagen fühle ich wieder den Freiraum, den ich brauche, um kreativ zu sein. »Workation Retreat« steht auf dem Eingangsschild dieser ehemaligen FDGB-Bildungsstätte – und das ist Programm: Ich bin entspannt wie bei einem Meditations-Retreat und ich arbeite. Ja, man kann alles haben!

Vier junge Leute aus Berlin wollten alles: in der Großstadt leben, feiern, sich inspirieren lassen, und in Ruhe in der Natur arbeiten, genießen – und sich inspirieren lassen. Zwei Jahre lang haben sie gesucht und schließlich dieses Gelände gefunden und erobert. Drei leckere vegetarische Mahlzeiten gibt es am Tag, bei denen sich alle Coworker um eine große Tafel versammeln. Die Zutaten kommen bevorzugt aus dem eigenen Garten. Übernachten kann man im Indoor-Camping, wo Zelte auf Sand, umgeben von eigenhändig gelehmten Wänden, vor einer großen Fensterfront warten. Das ist die preisgünstigste Variante. Wer es abgelegener möchte, übernachtet in einem kleinen Bungalow, wer etwas Exklusiveres braucht, im Hotelzimmer. Alles wurde mit viel Liebe zum Detail, unter Verwendung vieler Dinge, die hier vorzufinden waren, eingerichtet. Etliche Räume sind noch ungenutzt. Das Coconat wächst Stück für Stück – mit Ideen und den Menschen, die hierher kommen. Sie auch? Sie auch!

✍ Anreisen unbedingt mit Zug und Rad! Der RE1 fährt bis Götz, dann fünf Kilometer vorbei an Ostbäumen, Feldern und durch Wald, hinten glitzert die Havel.

EIN WALDMOPS DER BERLINER KÜNSTLERIN CLARA WALTER.
INZWISCHEN HABEN SICH DIE POSSIERLICHEN TIERCHEN VERMEHRT
UND SIND AN VERSCHIEDENEN STELLEN IN DER STADT ZU FINDEN.
VIEL SPASS BEIM SUCHEN!

LORIOT-DENKMAL / WALDMOPS-INFORMATIONSZENTRUM ///
JOHANNISKIRCHPLATZ /// 14770 BRANDENBURG AN DER HAVEL ///
WWW.KULTURVEREIN-BRANDENBURG.DE ///

NOCH MEHR SPUREN VON LORIOT FINDEN SIE MIT DEM FALTBLATT
»LORIOTS WEG« /// WWW.STADT-BRANDENBURG.DE/FILEADMIN/PDF/
AKTUELLES/LORIOTS_WEG.PDF ///

Zum Gedenken an Vicco von Bülow alias Loriot, der 1923 in der Stadt Brandenburg das Licht der Welt erblickte, wurden am 18. April 2015 am Ufer der Havel neun gehörnte Waldmöpse ausgewildert. Sie verstecken sich rund um die Kirche St. Johannis. Die etwa einen halben Meter großen Tiere aus Bronze sind die letzten ihrer Art in unserer Region. Wenige soll es noch in Nordskandinavien geben. Ansonsten hätten die Menschen dieses Tier domestiziert und ihm das Geweih weggezüchtet. In Brandenburg kann man sich über diese Gattung nun umfassend informieren. Eine Schautafel erläutert die Geschichte der Waldmöpse in Europa. Die Exemplare, die zur Bundesgartenschau kamen, sind geblieben. Offensichtlich fühlen sie sich hier ebenso wohl wie ihr Entdecker.

Bernhard-Viktor (kurz: Vicco) von Bülow verbrachte die ersten drei Lebensjahre in dieser Stadt. Dann trennten sich Mutter und Vater und er zog zu seinen Großeltern nach Berlin. Jahrzehnte später war aus ihm Loriot geworden, ein Humorist, der auch im Osten, und erst recht in Brandenburg an der Havel, verehrt wurde. 1985 erschien er persönlich zur Eröffnung einer Loriot-Ausstellung. Anderthalbtausend Menschen feierten ihn. Loriot war von der Herzlichkeit des Empfangs dermaßen angetan, dass er sich fortan für die Stadt engagierte. 1993 wurde er zum Ehrenbürger ernannt. Als Loriot 2011 starb, kamen die Brandenburger in der St. Gotthardtkirche, in der er einst getauft wurde, zusammen.

Vor dem Hintergrund dieser Liebesgeschichte wundert es nicht, dass der Brandenburger Kulturverein Loriot ein Denkmal setzte. Dass den Ideenwettbewerb eine Studentin gewann, war allerdings eine Überraschung. Clara Walter hatte das Konzept parallel zu ihrer Bachelor-Arbeit in Innenarchitektur verfasst und setzte sich mit ihrer Idee, der Auswilderung von Waldmöpsen, gegen 91 teilweise namhafte Mitbewerber durch.

✎ Gleich nebenan führt die Jahrtausendbrücke über die Havel. In den beiden ehemaligen Brückenwärter-Häuschen gibt es leckeren Kaffee und Kuchen.

EIN ABSOLUTER LIEBLINGSPLATZ: AUF DEM HAUSFLOSS DIE
GEWÄSSER RUND UM BRANDENBURG AN DER HAVEL ERKUNDEN

HAUSFLOSS-HAFEN CAASMANN /// CAASMANNSTRASSE 2 ///
14770 BRANDENBURG AN DER HAVEL /// 01 52 / 29 80 41 01 ///
WWW.HAUSFLOSS.DE ///

Langsam, ganz langsam schwimmt das Floß dahin. Alle sind entspannt. Die Kinder, die Erwachsenen. Es ist, als hätten wir alle The-
men des Alltags am Ufer stehen gelassen. Auf die 28,5 Quadratmeter,
die wir für die kommenden drei Tage unser Zuhause nennen, haben
wir nur das mitgenommen, was wir wirklich brauchen: Essen, Wasser,
Schlafsäcke und unsere Abenteuerlust. Wir Erwachsenen fahren das
Floß noch aus der Stadt, dann übernehmen die drei Kinder das Kommando. Während unser Teenager steuert, notiert seine Stiefschwester
Kurs, Zeit und Benzinstand im Logbuch. Die Vierjährige stapft in
ihrer Schwimmwesten-Rüstung im Abstand von wenigen Minuten
nach hinten, checkt den Benzinstand und erstattet den Großen Be-
richt. Hier und heute sind alle Kinder einverstanden.

Mein Freund und ich, wir liegen abwechselnd in der Sonne und
lesen. So fühlt sich Frieden an! So ist es also, wenn die Herausfor-
derungen, denen eine Patchwork-Familie tagtäglich ausgeliefert ist,
plötzlich verschwinden. Das Floß ist wie ein geheimer Ort, der Kin-
derseelen glücklich macht und Erwachsene beruhigt. – »Unsere Tref-
ferquote bei Kindern liegt bei 100 Prozent«, hatte der Hafenmeister
verkündet, als wir das Floß bestiegen und ich mich nach seinen Erfahrungen erkundigte. Gerade kann ich nicht verstehen, wieso er die
Einschränkung »bei Kindern« benutzt hat.

Die Stunden vergehen, unbemerkt und ruhig. Alle sind eins mit
jedem Moment auf dem Floß, mit jedem Baum, der an uns vorbei-
zieht, mit jeder Biegung, der Sonne und ein paar Regentropfen. Als
sich der erste Tag seinem Ende neigt, machen wir an einer Bucht im
Beetzsee fest. Während mein Freund am Strand grillt und die Kinder
baden, schnipple ich in der Kochnische Salat. Wir essen, während die
Sonne langsam untergeht. Als es ganz dunkel ist, liegen wir in unseren Kojen und werden mild in den Schlaf gewiegt.

✍ Die Hausflöße kann man führerscheinfrei auf freigegebenen
Gewässern bewegen. Eine entsprechende Karte bekommen Sie
bei der Übernahme des Floßes.

»SURF NOW, WORK LATER!«
Surfspot 2 Wave in Pritzerbe

72

Aloha! Ich habe nach dem Abitur in Kalifornien gelebt und staunte nicht schlecht, als meine Kommilitonen an den Universitäten in Santa Cruz oder Santa Barbara mit dem Surfbrett in die Vorlesung kamen, es an der Wand abstellten, um sich gleich danach wieder in die Wellen zu stürzen. Surfen kommt an der Westküste der USA vor der Arbeit, und die Hingabe zu den Wellen ist eine Lebenseinstellung. Vielleicht sind viele Menschen, die surfen, ja deswegen so entspannt?

All diese Erinnerungen kamen zurück, als ich kürzlich entdeckte, dass das Wellenreiten nicht den Küstenbewohnern der warmen Gegenden unseres Planeten vorbehalten ist. Dank der Initiative eines jungen Mannes ist es auch uns Menschen in Berlin und Brandenburg vergönnt. Frank Sorge hat ein Boot entwickelt, das 20 Meter hinter sich die perfekte Welle erzeugt. Seit 2012 sieht man, wann immer das Wetter passt, Menschen auf ihr über den Havelsee reiten.

»Es ist perfekt für Einsteiger«, sagt der erfahrene Wakeboarder, der seit den Anfängen der Wellenreiterei im Berliner Umland am Start ist, also seit Mitte der 1990er-Jahre. »Wir hatten letztes Jahr sogar schon Rentner hier«, berichtet Frank Sorge. Aber auch erfahrene Surfer kämen auf ihre Kosten. Sie könnten Tricks üben oder sie perfektionieren, sagt er. Frank Sorge bietet Surfkurse, Surftrips und Surfcamps an. Auch für kleine Gruppen ist es ein Spaß, denn wer gerade nicht surft, kann es sich an Bord bequem machen und seine Freunde anfeuern.

Das Surfer-Slang-Lexikon auf der Website sollten Sie dringend lesen, bevor Sie Ihre erste Tour starten. Sonst könnte es passieren, dass Sie nicht wissen, was zu tun ist, wenn vom Boot jemand ruft »Los, mach 'nen Angel-Take-Off!« oder »Ey, wat war'n dit für'n Chicken Dive!« Ich werde vor meinem nächsten Portugal-Urlaub mal einen Kurs buchen. Oder einfach so. Morgens vor der Arbeit.

🏄 Das Surf-Erlebnis lässt sich super in ein Hausfloß-Abenteuer integrieren. Von Brandenburg an der Havel kommt man an einem Tag nach Pritzerbe. Hier kann man zum Beispiel an der Havel-Oase anlegen.

Imbiss →

Ausstellungs-halle ←

WC ←

Tierpark →

Spielplatz →

FILMTIERSCHULE SCHWEUNEKE /// MARZAHNER STRASSE 63 ///
14798 HAVELSEE / MARZAHNE /// 03 38 34 / 5 18 03 ///
WWW.SCHWEUNEKE.DE ///

ZU BESUCH BEI BERÜHMTEN TIEREN
Filmtierschule Schweuneke in Marzahne

73

Am Wochenende schauen die Kinder morgens Serien wie *Tiere bis unters Dach* oder *Rennschwein Rudi Rüssel*. Als sie noch kleiner war, dachte meine Tochter, dass auch bei uns ein kleines Schweinchen leben könnte. Heute wünscht sie sich einen Hund. So ist das in der Stadt.

Und so ist es auch kein Wunder, dass alle drei Großstadt-Patchwork-Kinder begeistert aufschreien, als ich eines Tages auf einer Fahrt durchs Havelland den Schriftzug eines großen Betongebäudes vorlese: »Erlebnismarkt rund ums Tier, lebende Tiere!« Die Kinder sind nicht mehr zu halten, also halten wir. Erst da sehe ich das kleinere Schild »Filmtierschule Schweuneke«. Nun bin auch ich interessiert.

Beim Betreten des Marktes begrüßt uns ein Kakadu laut mit »Hallo«. Die Kinder sind hin und weg von dem Tier, das auf ihren Beifall hin anfängt, Kunststückchen vorzuführen. Während sie staunen und sich von Herzen freuen, erzählt mir die Buchhalterin, die hier am Wochenende die Kleintiere versorgt, von der unglaublichen Karriere der Filmtierschule. Schon 1979, in der DDR-Verfilmung des Märchens *Weihnachtsgans Auguste*, stand eine Gans aus Marzahne vor der Kamera. Heute statten sich Tatort-Kommissare und Hollywood-Stars mit Tieren aus dem Havelland aus. 80 Arten leben hier. Die Tiere genießen eine Grundausbildung in Schauspielerei, und manche haben es nach ganz oben geschafft: Kühe und Pferde der Filmtierschule laufen in *Inglourious Basterds* neben Brad Pitt über die Leinwand. Auch *Rudi Rüssel* wohnt hier zusammen mit Nandus, Wildschweinen, Frettchen, Katzen, Fledermäusen und anderen »Tiere[n] bis unters Dach«. Draußen wartet ein liebevoll angelegter Tierpark. Zwischen Spielplatz und Picknickbänken freuen sich Lamas und Esel, Ziegen und Stachelschweine über Snacks aus dem Futterbecher für einen Euro. – Und nun raten Sie mal, was auf der Rückfahrt Thema war!

🐾 Der Streichelzoo ist von April bis Oktober täglich von 10 bis 18 Uhr geöffnet. In der Verkaufshalle gibt es eine Ausstellung mit Filmrequisiten und Plakaten.

REGIONALBUSSE VERBINDEN KLEINE ABGELEGENE ORTSCHAFTEN UNTEREINANDER UND MIT DEN ZÜGEN NACH BERLIN. SIE FAHREN OFT NUR IN GROSSEN ABSTÄNDEN. ABER WER SICH VORHER INFORMIERT, KOMMT EIGENTLICH FAST ÜBERALL HIN.

BUS 661 (FRIESACK NACH NAUEN) ///
AM BAHNHOF /// 14662 FRIESACK ///

»Was, ihr seid mit öffentlichen Verkehrsmitteln hier?«, fragt Björn Dreidax, der Ribbäcker (Seite 155), ungläubig. Offensichtlich ist es nicht üblich, dass Ausflügler mit Zug und Bus nach Ribbeck kommen. Dabei ist gerade die Busfahrt so schön! Aus den großen Fenstern hat man eine wunderbare Sicht, fährt durch kleine Ortschaften, die man im Leben nicht besuchen würde, und trifft Einheimische. Die Busse sind zwar relativ leer, aber ich habe viele tolle Tipps und Insider-Infos gerade hier bekommen. Die Menschen freuen sich, wenn man sich für ihre Region interessiert. Was schon in Tunesien und Thüringen funktioniert hat, klappt auch in Brandenburg! Auch die Kinder sind begeistert. Denn es gibt viel zu sehen, sie können sich bewegen und die Eltern haben Zeit.

Am allerschönsten sind jedoch die ungeplanten Dinge, die sich hin und wieder ereignen, wie bei unserer Rückfahrt von Ribbeck. Auf dem Hinweg hatten wir uns für die lange Version ab Friesack entschieden, um möglichst viel von der Gegend zu sehen. Jetzt wollen wir den Bus nach Nauen nehmen, um von dort mit dem Zug schneller wieder in Berlin zu sein. Pünktlich zur Abfahrtszeit stehen wir also am Wartehäuschen – und warten. Wir warten. Und warten. »Mensch, der hat aber ganz schön Verspätung!«, stellt mein Freund fest. Als alle langsam unruhig werden, werfe ich einen Blick auf den Fahrplan und entdecke ein klitzekleines »R« hinter der Abfahrtszeit.

An diesem Tag lernten wir fünf die Rufbusfahrt kennen: »Zu beachten ist, dass diese Fahrten nur dann durchgeführt werden, wenn wirklich ein Bedarf besteht«, erklärt die Stadt Nauen auf ihrer Website. »Zur Anmeldung Ihres Fahrtwunsches rufen Sie einfach bis spätestens 60 Minuten vor der fahrplanmäßigen Abfahrtszeit die Rufbus-Nummer 03 31 / 74 91 400 an.« Wir nahmen dann den letzten Bus dieses Sonntags. Er fuhr nach Friesack.

✆ Der Verkehrsverbund Berlin-Brandenburg zeigt Ihnen alle Verbindungen bis ins kleinste Dorf an. Ja, die Rufbusse sind auch gekennzeichnet! www.vbb.de

**SPIELZEUGMUSEUM IM HAVELLAND /// SCHULWEG 1 /// 14728 KLESSEN ///
03 32 35 / 2 93 11 /// WWW.SPIELZEUGMUSEUM-HAVELLAND.DE ///**

**SCHLOSS KLESSEN /// LINDENPLATZ 1 /// 14728 KLESSEN ///
03 32 35 / 29 00 44 /// WWW.SCHLOSS-KLESSEN.DE ///**

In der alten Dorfschule in Kleßen haben zwei Männer ihre Privat-sammlungen ausgestellt: Spielzeug aus zwei Jahrhunderten. In Vitrinen tummeln sich liebevoll angeordnet Blechspielzeug, Dampfmaschinen, beeindruckende Kaufmannsläden, Geschirr und Stuben für die Puppen, Autos und Eisenbahnen. Dazwischen stehen hier und da Schaukelpferde und Kuscheltiere. Im Obergeschoss, das man über eine schmale Holztreppe erreicht, gibt es Kasperlepuppen, Schulbänke, kleine Nähmaschinen und weitere Puppenstuben zu bestaunen. Mich fasziniert besonders ein Herd, an dem ich als kleines Mädchen allzu gerne gekocht hätte. Es ist ein Herd zum Anfeuern, mit vielen Klappen und Platten, wie sie früher üblich waren, nur eben ein paar Nummern kleiner. Wenn ich da an die Gebilde aus grellem Kunststoff denke, die heute in vielen Kinderzimmern stehen, werde ich nostalgisch. Ein Karussell aus dem 19. Jahrhundert weckt ähnliche Gefühle. Vor allem, als es sich dreht. Das Highlight des Museums ist eine historische Eisenbahnanlage. Regelmäßig gibt es Tage mit Fahrbetrieb, an denen Kinder unter Aufsicht eines Fahrleiters diese Bahn selbst durch die Miniatur-Landschaft steuern dürfen.

Gleich hinter der alten Schule, im ehemaligen Stall, lädt ein Café zu Tee und Kuchen ein. Und seit dem Frühjahr 2016 hat im Gebäude nebenan das Kinderbuchmuseum eröffnet. Man kann die Bücher nicht nur bestaunen, sondern in der Lesestube darin stöbern oder einer der Lesungen zuhören, die hier regelmäßig stattfinden. Wie wäre es, mal wieder dem *Struwwelpeter*, *Max und Moritz* oder einem Märchen der Gebrüder Grimm zu lauschen? Die Vorstellung allein löst in mir wohlige Gefühle und Erinnerungen an friedliche Stunden meiner Kindheit aus. Erst beim Spaziergang durch den wunderschönen Garten des Schlosses auf der gegenüberliegenden Straßenseite komme ich wieder in der heutigen Zeit an.

🖋 Ein idealer Ort für die Anreise mit Bahn und Rad, auch mit Kindern! Vom Bahnhof Friesack, wo der RE2 hält, sind es knapp neun Kilometer.

DIE IL-62 »LADY AGNES« AUF DEM ACKER IN STÖLLN. AN DIESEM ORT WURDE GLEICH ZWEIMAL FLUGGESCHICHTE GESCHRIEBEN.

IL-62 LADY AGNES / OTTO-LILIENTHAL-VEREIN STÖLLN E. V. ///
AM GOLLENBERG 10 /// 14728 GOLLENBERG / STÖLLN ///
03 38 75 / 9 06 90 /// WWW.OTTO-LILIENTHAL.DE ///

Ich stehe auf einem Hügel am Waldrand, von dem aus Pionier Otto Lilienthal einst Fliegen übte. Eine Landebahn sehe ich nicht. Trotzdem steht mitten auf dem Feld ein Großflugzeug, genaugenommen eine IL-62. Wie ist sie dahin gekommen und warum steht sie da?

»Flugzeuge haben ja keine ewige Lebensdauer. Als einige ausgemustert wurden, überlegte man, was mit ihnen wird«, erklärt mir Gerd Radig, der Ende der 1980er-Jahre stellvertretender Flugbetriebsleiter der Interflug war. »Jemand hatte die Idee, die Flugzeuge an historische Orte zu fliegen. Also schickte der Flugbetriebsleiter mich, den Staffelleiter der IL-62 Flotte und den Leiter der Luftfahrtinspektion auf die Suche. Wir kamen auch nach Stölln, wo Lilienthal seine Flugversuche unternommen hatte, nachdem ihm sein erster Hügel bei Werder zu klein geworden war«, erzählt der ehemalige Pilot. »Es gab hier zwar nur die knapp 900 Meter lange Graslandebahn für Segelflugzeuge, aber wir wollten es versuchen.« Ein Feldweg, der sich an die Landebahn anschloss, wurde aufgeschüttet, mit Walzen verfestigt, und der Inspektor erteilte die Genehmigung. Kapitän Heinz-Dieter Kallbach bereitete sich wochenlang akribisch auf die Landung vor. Alles, was nicht unbedingt gebraucht wurde, verließ das Flugzeug, um es leichter zu machen. Auch der Tank war nur so weit gefüllt, dass er gerade zurück nach Berlin reichte, sollte die Landung abgebrochen werden. Am 23. Oktober 1989 landete Kallbach das Großflugzeug sicher auf dem Acker – und kurz darauf im Guinnessbuch der Rekorde. »Hätte er nur einen einzigen Fehler gemacht, wäre das schief gegangen«, sagt sein Kollege Gerd Radig anerkennend.

Die spektakuläre Landung kann man im Passagierraum der IL-62 in Stölln ansehen, ebenso eine einzigartige Dauerausstellung über die zivile Luftfahrt in der DDR.

✆ Das Ja-Wort an Bord: Im hinteren Teil des Flugzeugs befindet sich ein Standesamt. Also falls Sie noch einen ausgefallenen Platz zur Vermählung suchen ...

HOF DER ST

N 1

HOF DER STILLE /// KIRCHPLATZ 1 /// 14715 HAVELAUE / GÜLPE ///
03 38 75 / 3 08 88 /// WWW.HOFDERSTILLE.DE ///

»Die innere Stimme spricht leise, ruhig und klar. Sie wiederholt sich nicht«, erzählte mir meine beste Freundin mal am Telefon. Seither weiß ich, dass all die Stimmen in meinem Kopf, die ich bislang für meinen Kompass hielt, nichts weiter sind als meine Konditionierungen. Sie beginnen mit »Du musst …«, »Man kann doch nicht …« oder »Man sollte …«. Sie sind keine guten Ratgeber, musste ich feststellen, als ich kurz vor dem Burnout stand, den man sich als Alleinerziehende einfach nicht leisten kann. So fand ich zur Meditation und stellte fest: Die innere Stimme ist immer auf meiner Seite. Aber um sie zu hören, brauche ich Ruhe, in mir und um mich. Ich brauche eine Pause vom alltäglichen Treiben.

Im Westhavelland gibt es einen Ort, an dem ich all das habe, weil ich dort nichts habe: kein Telefon, kein Internet, keine Aufgaben. Ein paar Tage hier bringen mich wieder in Kontakt mit mir selbst. Dann schaffe ich es einige Zeit, auch im Alltag Ruhepausen einzulegen und zu lauschen …

Der *Hof der Stille* liegt inmitten des Sternenparks Havelland, einer Region, die so wenig Lichtverschmutzung (künstliches Licht) aufweist, dass man hier die Sterne ganz besonders gut sehen kann. Wie im Außen, so im Innen – auch die Sterne in uns strahlen hier besonders hell. Imme de Haen hat sich im Jahr 2000 einen Lebenstraum erfüllt: Sie erwarb den alten Vier-Seiten-Hof und verwandelte ihn in ein kleines Gäste- und Seminarhaus. »Die fast unberührte Natur, die riesigen Vogelschwärme und der weite, tiefblaue Himmel, der sich in den Wassern spiegelt, haben mich sofort in ihren Bann gezogen«, schwärmt die studierte Erziehungswissenschaftlerin, die sich seit 1985 mit Meditation beschäftigt. Wer sich hier einmietet, erfährt liebevolle Begleitung in die Stille, wenn er das wünscht. Was wünschen Sie sich?

✍ Imme de Haen bietet seit 2006 regelmäßig Schweigewochen an. Hier erfahren Sie ein bewegendes Miteinander in einer kleinen Gruppe, ohne Worte.

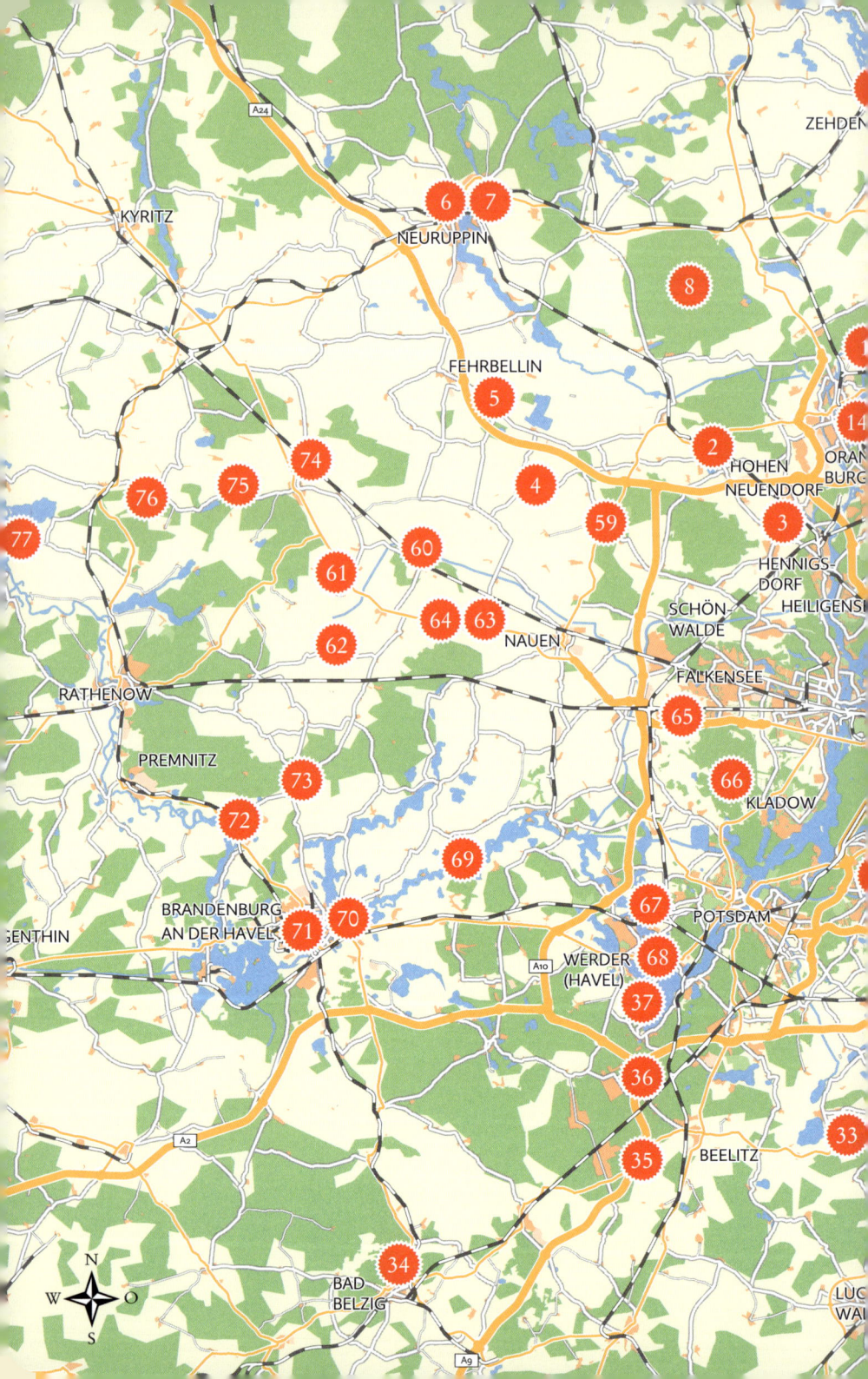

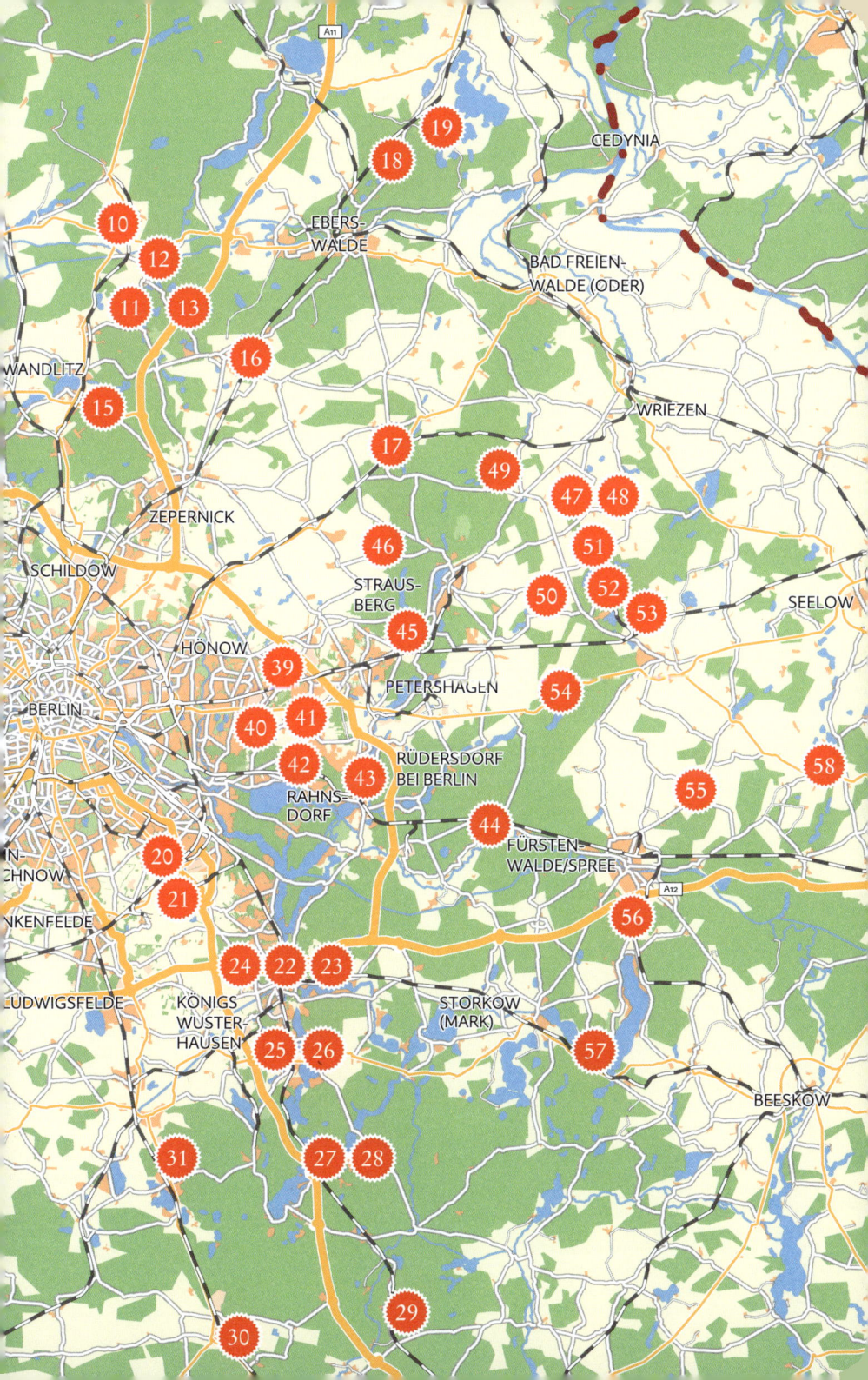

BILDVERZEICHNIS

Bis auf die im Folgenden genannten stammen alle Bilder von der Autorin.

Katrin Dinkel (Seite 32, 34, 40, 50, 58/59, 62, 64, 66, 70, 72, 74, 76, 104, 106, 116, 150, 156, 162, 168, 172, 176, 178), go2know/Andreas Böttger (14), Bernd Schönberger (16), HB-Werkstätten für Keramik GmbH (18), Stephanie Tetzel (20), Up Hus Idyll Neuruppin (24), Resort Mark Brandenburg (26), Beachzone UG (38), Kloster Chorin (54), TMBFotoarchiv/Steffen Lehmann (56), Reno Föllmer (60), Tropical Island Management GmbH (80), HPG Projektentwicklungs GmbH (94), galoppfoto.de (102), Michael Manzek (108), SATAMA GmbH/Beate Wätzel (140), René Sievert (144/145, 160), Achim Bartoschek (148), 2Wave/Frank Sorge (174).

Autorin und Verlag haben alle Informationen geprüft. Gleichwohl wissen wir, dass sich Gegebenheiten im Verlauf der Zeit ändern, daher erfolgen alle Angaben ohne Gewähr. Sollten Sie Feedback haben, bitte schreiben Sie uns! Über Ihre Rückmeldung zum Buch freuen sich Autorin und Verlag: lieblingsplaetze@gmeiner-verlag.de

FELIX HUBY
Der Patriarch
. . . .
978-3-8392-1945-4 (Paperback)
978-3-8392-5147-8 (pdf)
978-3-8392-5146-1 (epub)

WAHRHEITSKAMPF Fünf Jahre unschuldig im Knast. Sven Hartung hat sich verändert. Abgehärtet und kampfbereit kommt er ins Berliner Leben zurück. Es ist Zeit für die Wahrheit! Doch schon seine erste Nacht in Freiheit endet in einer Katastrophe. In der Tiefgarage der Staatsoper wird die Leiche seiner früheren Verlobten gefunden. Zeugen haben sie noch kurz vor ihrem Tod mit ihm gesehen. Alles deutet daraufhin, dass er der Täter war. Für Kriminalhauptkommissar Peter Heiland allerdings sind die Indizien zu offensichtlich. Er vermutet einen perfiden Plan dahinter. Und diesen zerrt er hartnäckig ans Licht!

GMEINER SPANNUNG

WWW.GMEINER-VERLAG.DE
Wir machen's spannend

LIEBLINGSPLÄTZE

AUF EINEN BLICK

ALLE LIEBLINGSPLÄTZE FINDEN SIE
UNTER WWW.GMEINER-VERLAG.DE

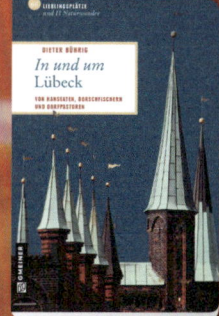

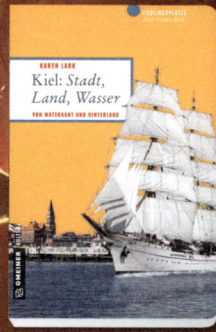
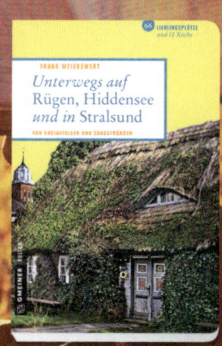

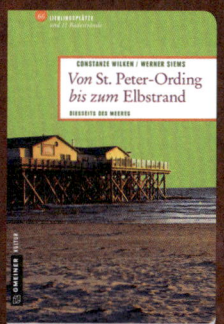

LIEBLINGSPLÄTZE
DIE NEUEN IM FRÜHJAHR 2017

Barabaschi / Schwalm,
Erstaunliche Eifel
978-3-8392-1997-3

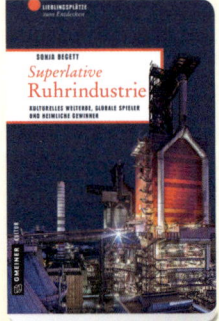

Begett,
Superlative Ruhrindustrie
978-3-8392-1998-0

Heinz / Heinz,
Allerlei Leipzig
978-3-8392-2000-9

**Jenewein / Rothfuß /
Larutan,** Land der
Tüftler und Denker
978-3-8392-2001-6

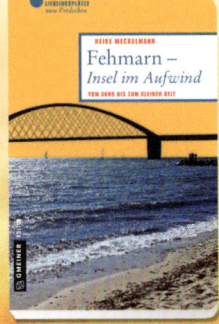

Meckelmann,
Fehmarn – Insel im
Aufwind
978-3-8392-2002-3

Reidt,
Zum Glück Sylt
978-3-8392-2003-0

Schöps,
Inn ist in
978-3-8392-2004-7

Schütz,
Verführerischer Bodensee
978-3-8392-2005-4

Steiger / Steiger, Von
der Bergstraße über den
Odenwald zum Spessart
978-3-8392-2006-1